AF464162

LETTRES

POLITIQUES

1874-1875

LE SEPTENNAT — LA RÉPUBLIQUE DU 25 FÉVRIER

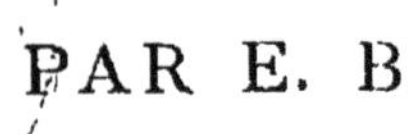

PAR E. B.

PARIS

TYPOGRAPHIE LAHURE

RUE DE FLEURUS, 9

—

1878

LETTRES
POLITIQUES
1874-1875

LE SEPTENNAT — LA RÉPUBLIQUE DU 25 FÉVRIER

PAR E. B.

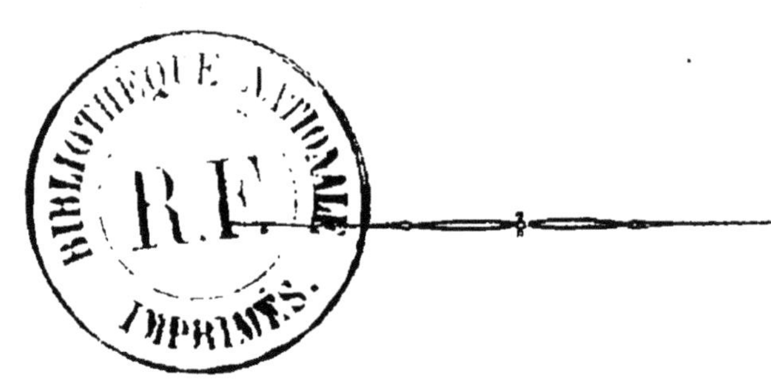
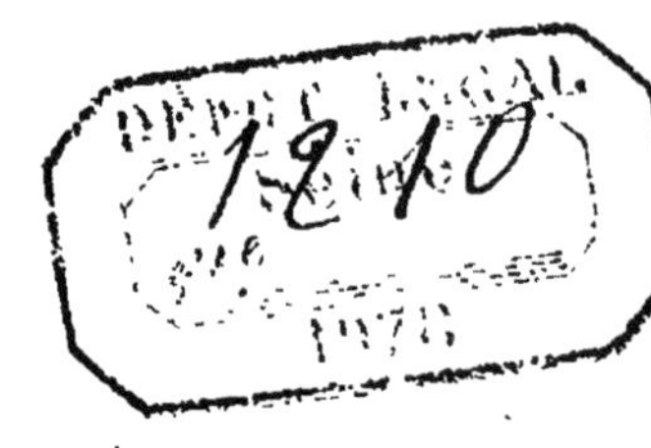

PARIS
TYPOGRAPHIE LAHURE
RUE DE FLEURUS, 9
—
1878

AVERTISSEMENT

Je ne sais qui a dit : « Le journal est une histoire écrite « au jour le jour, » histoire nécessairement un peu passionnée, puisqu'elle est faite sous l'impression du moment et en raison des nécessités de la politique, mais pleine de jugements qui restent, et d'aperçus dont le temps ne fait que constater la justesse.

Prenez la collection d'une feuille politique, depuis 1852 jusqu'à 1870, — la *Gazette de France*, par exemple, — et vous aurez l'histoire de l'Empire.

Sans vouloir, bien entendu, prétendre au titre d'historien, j'ai eu l'idée de réunir en brochure la série des articles parus, dans le journal où je collaborais, du mois de juillet 1874 au mois de novembre 1875.

La Lettre Royale venait, alors, de briser malheureusement l'œuvre de restauration. Le parti monarchique soutenait, sans arrière-pensée, le gouvernement du Maréchal, et tentait de l'organiser sur des bases conservatrices. Comme en 1873, les efforts de la Droite modérée restèrent impuissants, en face des rancunes des uns, du mauvais vouloir des autres; et le Septennat conservateur du 20 novembre 1873 devint la République du 25 février 1875! — Fatal avortement, dont les conséquences apparaissent aujourd'hui aux yeux de tous les conservateurs désabusés!

En présence de cette situation nouvelle, qu'allait faire le parti monarchique? Devait-il se jeter dans une opposition violente, s'isoler dans une abstention systématique?

Une semblable attitude eût été contraire aux intérêts conservateurs. Les royalistes, sans adhérer à la Constitution républicaine, résolurent d'en tirer parti, et d'user de la force qu'elle leur laissait, avec le droit de révision, pour assurer à la France un avenir meilleur.

On sait comment les élections radicales de 1876 mirent fin à cette campagne.

E. B.

LETTRES
POLITIQUES

PREMIÈRE PARTIE

LE SEPTENNAT

C'EST UNE NOBLE ET BELLE FIN!...

Notre dernier article[1] nous a valu, d'un de nos confrères, quelques observations auxquelles nous tenons à répondre.

Nous avions écrit :

« On a pu croire un instant la majorité divisée, grâce aux « polémiques ardentes qui se sont élevées sur le Septennat. « Déjà républicains et bonapartistes criaient victoire, sachant « fort bien que la désunion de la droite entraînerait la chute « du Maréchal, et, par suite, amènerait la dissolution ou le « plébiscite. »

Notre honorable confrère transcrit ces lignes avec un certain luxe typographique ; mais, arrivé aux derniers mots, il nous cite inexactement, et nous fait dire : « par suite amènerait la dissolution et le plébiscite. »

Là-dessus, il s'écrie : « Nous prions l'*Écho* de vouloir bien

1. Juillet 1874.

« nous dire où il a découvert une alliance entre républicains « et bonapartistes en vue de déterminer la chute du maré- « chal de Mac-Mahon. L'affirmation de l'*Écho* est grave, très- « grave ; elle dénature complétement le programme des im- « périalistes, elle établit une promiscuité qui est de nature à « leur porter gratuitement un *préjudice énorme* (!!) Tel « n'a pu être le but de notre honorable contradicteur. »

Assurément ! Nous nous déclarons absolument incapable d'agir si méchamment.

Mais à notre tour, nous prions notre honorable confrère de vouloir bien nous dire où il a découvert un seul mot de nous ayant trait à « *une alliance entre républicains et bonapar-* « *tistes en vue de déterminer la chute du Maréchal.* » S'il avait bien lu notre dernière phrase, il aurait pu s'éviter la peine de nous interpeller. D'ailleurs, comment se fait-il qu'aujourd'hui, l'idée d'une alliance avec les républicains éveille si fort les susceptibilités de notre honorable confrère ? Est-ce que, au mois de novembre dernier, MM. Thiers, Rouher, Gambetta, Jérôme Napoléon, ne marchaient pas d'accord, la main dans la main, pour s'opposer à la restauration ? Ce qui était alors une alliance légitime et honnête, serait ainsi devenue une « *promiscuité* » honteuse !

Mais là n'est pas la question.

Nous avons dit simplement que républicains et bonapartistes voulaient la chute du Maréchal : les uns pour provoquer la dissolution, c'est-à-dire de nouvelles élections ; les autres pour arriver au plébiscite : les républicains espérant obtenir une majorité qui proclamerait la république, les bonapartistes comptant bien faire triompher le fils de Napoléon III. Ce que nous avons dit, nous le maintenons. Il suffit, en effet, de lire les feuilles de l'opposition pour être mis au courant de la politique de chaque parti.

Dissolution ou plébiscite ! voilà ce que répètent quotidiennement les organes républicains comme les journaux bonapartistes. Dissolution ! voilà le mot d'ordre que MM. Thiers et Gambetta donnent à leurs soldats. Plébiscite! voilà celui que distribuent MM. Rouher et Ollivier.

Or, si nous ne nous trompons, plébiscite veut dire : chute du Maréchal.

Notre honorable confrère, sachant fort bien quel prestige le nom de Mac-Mahon possède dans « *nos campagnes,* » n'ose pas avouer aussi audacieusement que les feuilles de Paris les espérances du parti impérialiste; il voudrait même faire croire que les bonapartistes sont les amis les plus sincères et les plus dévoués du Maréchal!

Malheureusement, l'*Ordre*, moniteur de Chislehurst, n'a pas craint d'écrire que le plébiscite serait LA FIN du Maréchal : « *C'est une noble et belle fin* de dire à une nation : J'ai main- « tenu l'ordre dans le présent, l'avenir dépend de vous, « choisissez-le librement. » Est-ce clair? Et avions-nous raison de dire que les bonapartistes souhaitent la chute du Maréchal? Maintenant que nous avons fini de répondre, notre honorable confrère nous permettra bien de lui adresser une petite question. Comment peut-il parler de la « *disci-* « *pline* » du parti impérialiste, quand se présente, dans ce parti, le spectacle des dissensions intestines les plus profondes et les plus ardentes? Il y a le groupe du prince Jérôme qui affirme la doctrine purement plébiscitaire, il y a le groupe du prince impérial qui agrémente cette doctrine du principe d'hérédité. Mais ce n'est pas tout : chez les impérialistes purs, il y a encore les rouhéristes, dont la politique est de supprimer presse et tribune, et les olliviéristes, dits les parlementaires du parti.

Et tous ces hommes se combattent, s'entre-déchirent, s'insultent. Quelle discipline! quelle union!...

Pour finir, notre honorable confrère nous demande de « *quel parti* » nous sommes. En vérité, nous ne nous attendions guère à semblable question! Il nous semblait que nous parlions assez clairement pour être compris! Mais puisque notre confrère n'a pu encore reconnaître nos opinions, nous allons les lui dire.

Nous sommes légitimiste, profondément attaché à la monarchie nationale, qui seule peut relever la France. Mais la restauration ayant échoué malheureusement au mois de novembre, et le *Septennat* ayant été voté par nos amis de la droite pour empêcher l'établissement de la république, nous défendons le *Septennat*.

Sommes-nous clair cette fois?

LES TROIS VOTES.

Les journées des 23 et 24 juillet ont été, pour la droite, deux journées de triomphe. La République rejetée, la dissolution repoussée, l'ajournement des lois constitutionnelles voté : tel est le résultat obtenu durant ces deux séances mémorables.

On avait prêté à certains membres du centre droit l'intention d'accepter la République, et à certains autres de l'extrême droite le désir de voter la dissolution : les monarchistes ont répondu à ces calomnies en marchant avec un ensemble qui nous permet d'espérer que la majorité du 24 mai et du 20 novembre est reconstituée.

Depuis trop longtemps déjà, la division paralysait les forces conservatrices de l'Assemblée; ces derniers votes ont dû éclairer le parti conservateur, et lui montrer combien il lui est utile de s'unir et d'agir avec discipline.

Seul, le groupe de l'appel au peuple a cru devoir abandonner la majorité, et voter, avec les radicaux, la dissolution qui eût été, en ce moment, le signal de troubles et peut-être d'une révolution. Est-ce que l'entrée au ministère de M. de Chabaud-Latour a décidé les bonapartistes à se mettre dans l'opposition systématique? Il serait fâcheux, en vérité, que le dépit leur fît prendre cette détermination.

L'échec de la République a, comme on le pense bien, exaspéré les républicains. Ces messieurs avaient préparé depuis si longtemps cette fameuse discussion! M. Thiers avait si habilement intrigué! Eh bien! rien n'y a fait! M. le comte Duchâtel et ses amis ont eu beau tendre la main à MM. Gambetta, Naquet et Ordinaire, la République a été battue, et battue comme nous n'aurions même pas osé l'espérer. Il est vrai que M. le duc de Broglie lui a porté de rudes coups. Il faut lire en entier cet admirable discours, ce chef-d'œuvre d'éloquence, de finesse, d'argumentation. Jamais l'éminent orateur ne s'était élevé si haut. Nous ne pouvons résister au plaisir de citer ce passage où, comparant les grandeurs de la monarchie aux périls de la République, M. le duc de Broglie s'écrie : « Est-ce que vous pensez sérieusement que quand « vous aurez adopté la proposition de M. Casimir Périer, « vous aurez interdit aux citoyens de vanter les bienfaits et « d'espérer le retour de la monarchie en France? Croyez-« vous que vous aurez laissé la parole à la seule Républi-« que? Quoi! vous pensez sérieusement que, après les raci-« nes profondes qu'a laissées la monarchie dans le sol, il « est possible de faire cela? Croyez-vous que ce soit possi-« ble dans un pays où la monarchie a pris trois formes dif-« férentes pour parvenir à tous les esprits et pour entrer « dans tous les cœurs? où la monarchie héréditaire et tra-« ditionnelle a lentement élaboré l'unité nationale? où une « monarchie militaire a fait connaître jusqu'aux chaumières « les plus reculées les ivresses dangereuses de la conquête « et de la victoire? où la monarchie parlementaire et con-« stitutionnelle a satisfait les rêves les plus généreux et les « instincts les plus élevés? Croyez-vous que dans un tel « pays on pourra ôter la parole à la monarchie?

« Mais, si les hommes se taisent, les pierres mêmes crie-« ront les bienfaits et les souvenirs de la monarchie! Vous « ne pourrez pas faire un pas sans la rencontrer; elle se

« présentera à vous sous toutes les formes : les inscriptions
« de nos monuments, les voûtes de nos palais, la rappelle-
« ront à toutes les mémoires ! »

Quel langage! Certes, il n'eût pas été déplacé dans la bouche de Berryer! Ce sera pour M. le duc de Broglie un éternel honneur d'avoir fait justice des prétentions républicaines, et d'avoir, pour longtemps, débarrassé le pays des agitations qu'y entretenaient MM. Thiers et Gambetta.

Mais, si la droite est victorieuse, en ce moment, ses succès ne doivent pas lui faire oublier ce qui lui reste encore à faire. Sa mission n'est pas terminée : qu'elle sache donc profiter du temps qui lui est accordé.

LA DROITE VICTORIEUSE.

En vérité, les républicains ne sont guère fiers ! Dans la séance du 23 juillet, ils s'étaient abrités derrière le centre gauche et l'honorable M. Casimir Périer; dans la séance du 29, ils ont laissé le groupe de l'appel au peuple assumer la responsabilité de la discussion : c'est un bonapartiste bien connu pour sa haine contre M. Gambetta, M. Raoul Duval, qui a pris en main les affaires de MM. Thiers, Gambetta et Ledru-Rollin.

Est-ce habileté de leur part? En s'effaçant ainsi les radicaux espéraient-ils plus facilement triompher? Quelle désillusion, alors, ont dû leur produire les derniers scrutins! Battus sur la question de République, à une majorité dont ils auraient bruyamment triomphé si elle s'était prononcée en leur faveur! battus sur la question de dissolution malgré l'appui des bonapartistes!

Il ne faut pas se le dissimuler, la République et la dissolution étaient une arme à deux tranchants dans les mains de la gauche. L'une et l'autre aboutissaient à l'agitation du pays et à la guerre civile, dont M. Gambetta espérait faire sortir la dictature radicale.

Quant aux impérialistes, que voulaient-ils en s'alliant aux républicains, en les guidant, en marchant les premiers à l'attaque ?

L'*Ordre* nous le dit sans embages dans une note explicative :

« Les députés de l'appel au peuple ont voté la dissolution,
« d'abord, parce que la dissolution est dans leur programme,
« qu'ils ne peuvent oublier que cette Assemblée s'est tou-
« jours montrée malveillante et injuste pour la cause qu'ils
« défendent ; enfin, parce qu'ils ne trouvent pas leur parti
« suffisamment représenté dans le Parlement ; mais aussi
« parce que conservateurs, ils ont cru que le moment de se
« dissoudre était favorable aux conservateurs. »

Ainsi, parce qu'ils ne sont qu'une vingtaine à l'Assemblée, les députés de l'appel au peuple n'hésitent pas à sacrifier le repos de la France ! on ne peut être plus franc et l'aveu nous suffit.

Mais, encore une fois, nous ne pouvons que regretter de voir les impérialistes unis aux radicaux dans une action commune pour renverser l'Assemblée élue du suffrage universel, et pour détruire les pouvoirs du Maréchal que M. Raoul Duval a osé appeler « *un pis-aller* » aux applaudissements frénétiques de MM. Naquet, Rouher, Ordinaire et de Bourgoing !

Nous doutons fort qu'une pareille politique soit bien accueillie du pays et puisse gagner des adhésions à l'impérialisme.

La droite monarchique, elle, a marché avec un ensemble parfait à la défense du gouvernement qui s'était prononcé contre la République et la dissolution. Le 23 juillet, M. le duc de Broglie, chef du centre droit, faisait, au nom des droites unies, le procès de la République ; le 29, M. Depeyre, l'un des hommes les plus éminents de la droite modérée, prouvait d'une façon victorieuse que la dissolution était, pour les coalisés, une revanche contre la majorité antirépublicaine, antibonapartiste.

M. Depeyre s'exprimait ainsi :

« Aussi bien, Messieurs, il me semble que ces deux pro-
« positions ont été inspirées l'une et l'autre par des préoccu-
« pations de parti. Il me semble qu'elles émanent l'une et
« l'autre d'un même sentiment, c'est-à-dire, le désir d'une
« revanche à prendre contre vous, contre la majorité de l'As-
« semblée nationale. En relisant l'exposé des motifs qui pré-
« cède la proposition de M. Raoul Duval, j'y ai trouvé une
« phrase qui, aisément, peut se traduire ainsi : Vous avez
« rejeté l'appel au peuple que j'avais proposé, je demande la
« dissolution ! Et quant à la proposition de M. Léon de Malle-
« ville, je ne serai démenti par personne, quand je la tra-
« duirai ainsi : Vous n'avez pas voulu voter la république
« proposée par M. Casimir Périer, je demande la dissolution !

« République ou dissolution ! Ce serait presque le cas de
« ressusciter la vieille formule : République ou la mort ! Oh !
« Messieurs, si vous aviez accepté la proposition de la pro-
« clamation de la république, avec quel enthousiasme on
« eût célébré votre patriotisme et votre sagesse, avec quel
« empressement on serait venu vous demander votre con-
« cours !..... »

« Je trouve, Messieurs, que pour des hommes qui, depuis
« quelques jours, nous parlent sans cesse de la dignité de
« l'Assemblée, du respect qui lui est dû, de son prestige de-
« vant le pays, c'est un singulier langage et une singulière
« attitude, c'est reconnaître d'une étrange manière la sou-
« veraineté de vos pouvoirs que de vous dire : Ces pouvoirs,
« je les brise, parce que vous n'avez pas voulu vous en
« servir pour le seul usage qui aurait pu me plaire. »

Mais la victoire du parti conservateur et l'échec de la République ne sont pas les seuls résultats heureux dont nous devions nous féliciter : il en est un non moins considérable auquel M. Depeyre a fait allusion, lorsqu'il s'est écrié :

« Nous allons partir dans quelques jours, et nous emporterons de nos dernières séances un souvenir rassurant. « (Rumeurs à gauche.) Oui, je conviens que ce souvenir « n'est pas fait pour vous plaire, car c'est le souvenir de notre « union refaite dans les derniers scrutins et refaite malgré « vous et contre vous ! Et lorsque nous rentrerons dans « cette enceinte, j'ai la ferme conviction que nous retrouverons cette union intacte, fortifiée et grandie encore par « des adhésions nouvelles. Je suis de ceux, Messieurs, qui, « pour désespérer du bien, attendent le dernier jour et la « dernière heure. »

Non, nous ne devons pas désespérer du bien. Cette majorité conservatrice qui, après avoir défendu son autorité contre les attaques incessantes d'un ambitieux vieillard, a, le 24 mai, donné le gouvernement aux monarchistes, et vient d'écarter la République, cette majorité saura, en organisant la prorogation, faire triompher les principes qui sont notre force et notre honneur.

LA RECONNAISSANCE DU GOUVERNEMENT DE MADRID ET LES RÉPUBLICAINS FRANÇAIS.

Le 6 août, M. de Bismarck a envoyé aux puissances européennes une note proposant la reconnaissance de ce qu'on appelle le gouvernement de Madrid. Les cabinets ne se sont pas encore prononcés; mais n'osant résister aux exigences prussiennes, ils auraient, dit-on, l'intention de reconnaître le maréchal Serrano ; — la France elle-même ne refuserait pas de s'associer à une politique ouvertement dirigée contre elle !

Nous ne voulons pas croire que l'Europe soit tombée si bas; et, jusqu'à preuve contraire, nous espérons ne pas être forcés à seconder nous-mêmes les manœuvres de notre plus cruel ennemi.

D'ailleurs, cette reconnaissance qui arriverait au moment même où la situation de Serrano est plus menacée que jamais par les carlistes victorieux, ne fortifierait en rien les pouvoirs du maréchal et ne lui donnerait ni la légitimité, ni la légalité qui leur manquent.

Issu d'un coup d'État et de la dissolution violente des Cortès, le gouvernement de Madrid, contre lequel proteste, les armes à la main, un tiers de l'Espagne, est à coup sûr le plus illégal de tous ceux qui ont comprimé cet infortuné pays depuis huit ans. La République de MM. Castelar et Salmeron avait, elle, au moins un semblant de légalité.

On se demanderait donc pourquoi l'Europe consent à reconnaître ce prétendu gouvernement, si on ne savait que l'Europe fait tout ce que veut M. de Bismarck, et que M. de Bismarck veut reconnaître Serrano, sa créature, son homme lige. Le triomphe de don Carlos serait un échec à la politique ambitieuse de la Prusse et un succès pour la France et le Catholicisme; or, c'est une éventualité que veut écarter à tout prix M. de Bismarck, dont le double but est d'abaisser la France et de ruiner le Catholicisme.

Tant qu'on a cru les républicains espagnols capables de repousser seuls l'armée royaliste, la Prusse s'est tenue à l'écart, du moins en apparence; mais du jour où diminue l'espoir qu'avait l'archichancelier de fonder un gouvernement inféodé à la Prusse, nos ennemis interviennent.

Déjà, ils avaient tâché d'ameuter l'Europe contre les Carlistes qu'ils accusaient de cruauté — eux, les bourreaux de Bazeilles! — et contre la France qu'ils accusaient de complicité. L'histoire de l'espion prussien fusillé leur avait fourni l'occasion de faire une manifestation bruyante et d'annoncer qu'une escadre allemande irait croiser sur les côtes d'Espagne. Aujourd'hui, ils déclarent à l'Europe que le moment est venu de reconnaître la dictature Serrano. Quant aux républicains français, quelle a donc été leur conduite depuis un an?

M. de Bismarck n'a pas d'alliés plus dévoués, de défenseurs plus chaleureux. Leurs préjugés étroits et leur haine de sectaires ont fait taire chez eux toute sorte de patriotisme; ils se sont mis à la remorque de l'Allemagne par le seul désir de nuire au Catholicisme et à la Monarchie en soutenant Serrano contre Charles VII.

La presse républicaine n'a cessé d'écrire que les autorités françaises violaient les règles de la neutralité, de dénoncer le gouvernement, d'ameuter l'opinion contre le seul parti que craigne M. de Bismarck; sacrifiant impudemment la France à des intérêts de parti, elle a osé soutenir les réclamations mensongères du gouvernement de Madrid. La *République française*, le *Siècle*, les *Débats*, le *Temps*, ont rivalisé d'ardeur dans cette campagne honteuse.

Ce n'est pas d'aujourd'hui, du reste, que date cette conformité de vue entre les républicains et les ennemis de la France; on se rappelle l'enthousiasme avec lequel le parti républicain applaudissait à Sadowa et à la révolution italienne, le zèle avec lequel il soutenait Napoléon III dans la politique funeste qui devait aboutir à l'unité allemande et à l'unité italienne.

Eh bien! si M. de Bismarck, grâce aux républicains français, parvient à faire reconnaître la dictature de Serrano, il aura obtenu cette fois encore un succès complet. Nos frontières déjà fermées à l'est par l'Allemagne, au sud par le royaume d'Italie, vassal de l'Allemagne, seront gardées du côté des

Pyrénées par l'Espagne tributaire de l'Allemagne, et dont M. de Bismarck sera le vrai maître, le seul maître.

Pauvre France! Écrasée par M. de Moltke, soumise à M. de Bismarck et à son bon ami Serrano! voilà où elle est tombée après quatre-vingts ans de révolutions et de coups d'État!.....

L'ÉLECTION DU 13 SEPTEMBRE ET LES ULTRAS.

Trois candidats se présentent à l'élection du 13 septembre dans le département de Maine-et-Loire: un républicain, M. Maillé; un bonapartiste, M. Berger; un monarchiste septennaliste, M. Bruas. Ce dernier est soutenu par MM. de Falloux et de Cumont, par l'*Union de l'Ouest* et le *Journal de Paris*, c'est-à-dire par la droite modérée et le centre droit.

Candidat ministériel et mac-mahonien, M. Bruas était favorablement accueilli de la plupart des conservateurs, lorsque les royalistes de l'école de l'*Univers*, mécontents de la circulaire un peu vague, il est vrai, de l'honorable candidat, ont déclaré ne pas vouloir l'appuyer. Il a même été question, un instant, de présenter aux suffrages des électeurs, Mgr Freppel, évêque d'Angers, ou M. Roger de Terves, ancien zouave pontifical; mais d'après les derniers numéros de l'*Étoile d'Angers*, feuille d'extrême droite, les ultras paraissent devoir s'abstenir.

Eh bien! nous estimons, nous, que la conduite de ces messieurs est imprudente et coupable. Est-ce donc en divisant ainsi les monarchistes qu'ils s'imaginent triompher? Est-ce en faisant échouer le candidat du gouvernement que les disciples de M. Veuillot espèrent ramener la royauté en France?

Il faut bien l'avouer, hélas! en 1794, comme en 1814, comme en 1873, la royauté n'a pas eu d'ennemis plus dangereux que ses amis maladroits, n'a jamais reçu de coups plus funestes que ceux portés par les exagérés d'extrême droite. La voulant intacte, les ultras l'ont rendue impossible, et sous prétexte de l'empêcher de céder, ils l'ont condamnée à périr.

Les Cazalès, les Malouet, les Mallet du Pan, les de Villèle, les de Martignac, les Berryer, les Ernoul, les de Castellane, les Depeyre, ont eu beau consacrer leur talent à persuader aux d'Entraigues, aux la Bourdonnaye et aux du Temple que souvent, en raison de certaines situations, on doit se contenter du bien relatif, le seul, d'ailleurs, qu'il soit possible d'obtenir dans la pratique des choses. Vains efforts! Les exaltés se sont obstinés à prendre pour des capitulations de conscience et des trahisons, ce qui n'était que des concessions intelligentes et des transactions utiles. Ils ont excommunié les modérés, anathématisé les prudents et flagellé ceux qui joignaient la clairvoyance au dévouement.

Il est encore une autre classe de royalistes non moins funestes; après les « pointus » comme les appelait M. de Villèle, ce sont les « *illuminés* ».

Ceux-là ne font rien, s'imaginant que Dieu fera tout; ou s'ils agissent, ils agissent mal, persuadés que la Providence réparera leurs folies.

Dernièrement, Mgr Dupanloup s'est chargé de combattre cette erreur aussi dangereuse que ridicule. Citons quelques lignes de l'éminent évêque-député :

« On rencontre aujourd'hui une foule de personnes qui,
« dans les jours mauvais que nous traversons, semblent ne
« compter que sur les miracles. Assurément, ce n'est pas là
« le propre d'une foi éclairée. En règle générale, les événe-
« ments humains se déroulent selon l'ordre providentiel
« mais naturel des choses humaines : les causes ont leurs
« effets, et les effets leurs causes.

« Dieu, sans nul doute, a le dernier mot et la direction

« souveraine, mais il n'est pas besoin pour cela qu'il inter-
« vienne toujours par le miracle. L'homme agit et ses actes
« ont leurs conséquences. Mais parce que Dieu dirige en
« maître suprême les événements humains, oublier dans
« nos actes la raison et la prudence, laisser tout à l'abandon,
« nous conduire témérairement et follement, et charger
« ensuite la Providence de réparer nos témérités et nos fo-
« lies; nous flatter en un mot que nos fautes n'entraîneront
« pas leurs naturels résultats, c'est tomber dans la supersti-
« tion; c'est tenter Dieu; ce n'est plus ni de la foi, ni de la
« piété, c'est de l'illuminisme! »

En face des « *témérités* » et des « *folies* » du parti de l'*Univers*, on a plaisir à placer ces paroles si vraies, si sages, si patriotiques de l'illustre écrivain.

Mais nous nous sommes laissé entraîner un peu loin.

Il faut revenir à la candidature de M. Bruas.

M. Bruas s'est déclaré « *prêt à soutenir les grands principes*
« *conservateurs qui sont la sauvegarde des sociétés, et à donner sans*
« *réserve son concours au Maréchal. Il estime qu'en ce moment le*
« *pays n'a que cette voie ouverte pour ramener le calme par l'a-*
« *paisement des partis.* »

Nous sommes absolument de cet avis. D'ailleurs, n'est-ce point ce que disait elle-même la *Gazette de France*, dans ces lignes qui méritent toute notre attention :

« Nous nous déclarons satisfaits de la prorogation: dans
« l'état actuel des esprits, c'est ce que nous pouvons faire
« de plus sage. Nous ne sommes pas pressés de voir le ré-
« gime absolutiste que l'on nous promet : entre ce régime
« dont on nous menace et celui qui est, nous ne pouvons
« que donner la préférence à ce qui est. Le temps qui s'é-
« coulera sera un temps gagné en faveur d'une politique
« vraiment nationale. »

Contentons-nous donc pour le moment du bien relatif; soutenons le Septennat créé par les monarchistes dans un but monarchique, le Septennat à la tête duquel se trouve un honnête homme et un soldat énergique.

LES « CONVICTIONS » DE M. THIERS.

En 1839, Berryer, s'adressant, du haut de la tribune, à M. Thiers, s'écriait :

« On ne me soupçonnera pas de partager les sentiments per-
« sonnels du président du Conseil du 22 février. C'est contre
« lui que j'ai soutenu pendant plusieurs années, dans cette
« enceinte, les luttes les plus animées; et, s'il revient au pou-
« voir, elles renaîtront, car l'un et l'autre, je n'en doute pas,
« nous garderons fidèlement nos convictions. »

Et M. Thiers répondait avec énergie : « Oui ! »

Berryer est mort fidèle à toutes ses croyances comme à toutes ses amitiés, à ses convictions royalistes comme à sa foi religieuse; il est mort en adressant de sa main défaillante une admirable lettre au Prince qu'il avait toujours servi et toujours aimé.

M. Thiers, lui, a trahi sa cause, a abandonné ses princes et ses amis. M. Thiers a mérité l'épithète de « *vieillard parjure.* »

En 1835, ministre de l'intérieur, M. Thiers prononçait ces paroles mémorables :

« La République a été essayée d'une manière concluante,
« suivant nous. On nous objecte tous les jours : Ce n'est

« pas la République sanglante comme celle de ces temps
« que nous voulons; nous la voulons paisible et modérée.
« Eh bien! on commet une erreur grave, quand on dit que
« l'expérience n'a pas porté sur deux points. Il y a eu une
« République sanglante pendant un an; mais, pendant huit
« à neuf ans, c'était une République qui avait l'intention
« d'être modérée, qui a été essayée par des hommes hon-
« nêtes, capables.

« Ainsi, dans ces dix ans, il s'est fait en France une expé-
« rience concluante sous les deux rapports On a eu la Ré-
« publique non-seulement sanglante, mais la République
« clémente, qui voulait être modérée et qui n'est arrivée
« qu'au mépris, quoique en majorité les hommes qui la di-
« rigeaient fussent d'honnêtes gens.

« Aussi la France l'a en horreur; quand on lui parle Ré-
« publique, elle recule épouvantée. Elle sait que ce gou-
« vernement tourne au sang ou à l'imbécillité. »

Et aujourd'hui, M. Thiers se déclare le très-humble serviteur de cette République « *paisible*, *modérée* » qui « *tourne à l'imbécillité*. » Il ne craint pas de donner la main aux partisans de cette République « *sanglante* » dont « *la France a horreur* »; son journal exalte les Gambetta et les Naquet, insulte et vilipende les princes d'Orléans.

Nommé député, le 8 février 1871, par vingt-quatre départements, comme *monarchiste*, M. Thiers s'est fait *républicain* pour satisfaire son incroyable ambition. Renversé le 24 mai, M. Thiers reste républicain par rancune et dépit.

On voit comment M. Thiers a « *fidèlement gardé ses convictions!...* »

LE SEPTENNAT ET LES ROYALISTES.

L'attitude qu'ont eue les ultras d'extrême droite dans l'élection de Maine-et-Loire fournit à certains journaux l'occasion d'attaquer le parti légitimiste. Ce n'est pas juste.

On ne peut, en effet, raisonnablement, confondre les « *légitimistes* » avec le groupe des « *pointus* », et rendre le parti royaliste responsable des exagérations de quelques-uns.

M. de Rességuier, l'un des royalistes les plus influents de l'Assemblée, adressait, il y a quelques jours, à ses électeurs du Gers, une lettre dont nous voulons donner quelques extraits.

Nos lecteurs y verront que la droite n'est pas, comme on veut bien le dire, l'adversaire déclarée et irréconciliable du Septennat :

« Tout ce qu'on a dit depuis le 20 novembre, tout ce « qu'on peut dire encore contre l'insuffisance de la combi- « naison septennale, n'aplanit pas les difficultés qui en ont « fait une nécessité, et ne saurait affaiblir la grandeur du « service rendu, ce jour-là, à la France par la résolution « de ses représentants et par le dévouement du maréchal « de Mac-Mahon.

« Assurément, un grand pays ne peut se sentir en pleine « sécurité et pleine possession de lui-même qu'avec des in- « stitutions qui correspondent à sa puissance, et qui lui ga- « rantissent un avenir proportionné aux vastes entreprises « dont son génie est capable. Mais quand de telles institu- « tions ont été brisées par les révolutions, et que de fatales « circonstances rendent leur restauration momentanément « irréalisable, faut-il pour cela désespérer du salut public, « et ne devons-nous rien tenter pour arriver graduellement

« au but qui s'est soudainement dérobé devant nous, à l'in-
« stant où nous allions l'atteindre? . . . .

« Plût à Dieu que nous fussions à l'une de ces heures de « calme, de lumière et de réconciliation qui rendent les grandes « solutions possibles! — Vous savez tous quelle est celle que « je poursuis de mes persévérants efforts. Mais puisque nous « sommes condamnés à l'ajourner encore, comprenons du « moins que c'est y suppléer et la préparer, autant qu'il est « en nous, que de donner au gouvernement du maréchal « de Mac-Mahon les organes qui sont absolument indispen-« sables au gouvernement définitif que nous désirons après « lui.

« Je voterai ces lois sans hésitation, parce qu'en appelant « le Maréchal au pouvoir septennal, nous les lui avons pro-« mises, et que c'est un engagement d'honneur auquel nous « ne faillirons pas. Je les voterai, parce que, sans elles, la « dissolution, tôt ou tard inévitable, de l'Assemblée actuelle « nous livrerait fatalement aux hasards des plébiscites, et « aux convulsions de l'anarchie. Je les voterai enfin, parce « que, seules dans l'état présent des choses, elles peuvent, « du régime transitoire auquel le maréchal de Mac-Mahon « laissera son nom, faire une période féconde et bénie, uti-« lement employée par tous les bons citoyens, à la pratique « d'un gouvernement réparateur qui sera, si mes vœux sont « exaucés, un acheminement vers la Monarchie, et que j'ap-« pellerais volontiers : LE NOVICIAT DE NOS INSTITUTIONS DÉ-« FINITIVES. »

Ce langage, si net et si franc, met à néant les calomnies dirigées contre les « *légitimistes* ».

M. de Rességuier qui déclare vouloir les lois constitutionnelles; MM. de Falloux, de Cumont, de Maillé, de Civrac, qui soutiennent le Septennat dans le département de Maine-et-Loire, sont tout aussi dévoués à la Monarchie que MM. du Temple, Veuillot, de Franclieu, et peuvent se dire légitimistes au même titre que ces messieurs. La différence entre eux, la voici : Les premiers s'inspirent de l'exemple des Malouet, des de Villèle, des Berryer; les seconds sont les descendants des la Bourdonnaye.

SEPTENNAT ET RÉPUBLIQUE.

Le gouvernement du Maréchal ne laisse passer aucune occasion de montrer qu'entre le *Septennat* et la *République*, il n'y a absolument rien de commun.

Le mot « *République* » figure, il est vrai, dans les actes officiels, et fait partie du titre porté par le chef de l'État. Mais, si grâce à la timidité de certains conservateurs, nous sommes encore en république de fait, du moins le Septennat n'est pas la République.

M. le ministre de l'Intérieur a tenu à le proclamer d'une façon catégorique. Voici en quels termes s'est exprimé le général de Chabaud-Latour, durant la dernière séance de la Commission de permanence :

« Quand on dit qu'en France, tout ce qui n'est pas pour « l'Empire est pour la République, on méconnaît les senti- « ments de la majorité de l'Assemblée souveraine qui, en in- « stituant le Septennat, n'a fondé ni la République, ni l'Em- « pire. Le gouvernement actuel reconnaît la République « comme un fait, mais il n'est ni la République définitive, ni « l'Empire; et tel qu'il est, il ne permettra pas qu'on le con- « teste. »

Les journaux officieux ne sont pas moins affirmatifs.

La *Presse*, organe de M. le duc Decazes, qualifiait, l'autre jour, d'« *énergumènes animés d'intentions malveillantes*, » ceux qui, en face du Maréchal, se mettent à crier : Vive la République.

Ailleurs, c'est M. le préfet du Nord qui demande à M. Parsy, candidat « *républicain* », sa démission de maire de Cambrai, et reproche aux comités « *républicains* » d'être « *notoirement hostiles au gouvernement.* »

C'est M. de Cumont, ministre de l'instruction publique, qui supprime les mots : « République française » maintenus, jusqu'à présent, en tête des diplômes.

Tous ces faits indiquent les tendances nettement antirépublicaines du gouvernement, et montrent que le Maréchal et son ministère sont résolus à faire respecter le Septennat *antirépublicain*, voté le 20 novembre par la droite monarchique.

LE PARLEMENTARISME.

Les rédacteurs de l'*Ordre*, comme ceux de la *République française*, n'ont jamais aimé le parlementarisme. Pour M. Dugué de la Fauconnerie, le parlementarisme, c'est tout simplement « *le règne des avocats* »; pour M. Spuller, c'est « *le gouvernement des doctrinaires* ».

Cela se conçoit. Les admirateurs du régime personnel par excellence, et les serviteurs de la dictature gambettiste ne peuvent pas décemment se dire partisans de la libre discussion des affaires publiques. Mais, depuis quelque temps, la lutte entreprise contre les Assemblées, en général, et l'Assemblée actuelle, en particulier. a pris un caractère qu'elle n'avait pas encore. Dans le parti monarchiste lui-même, on s'est malheureusement laissé aller au dénigrement systématique, à des critiques aussi passionnées qu'injustes.

L'impuissance de l'Assemblée ! le ridicule de l'Assemblée !

tel est le système généralement choisi aussi bien par l'*Univers* que par l'*Ordre* et la *République*. Mais si l'Assemblée n'a pas, jusqu'à présent, réussi à assurer les destinées de la France par l'établissement d'un régime définitif, du moins elle a placé pour sept ans les intérêts conservateurs sous la garde vigilante d'un honnête homme, elle a créé sans secousses et sans trouble le gouvernement du 20 novembre, première étape vers une constitution définitive.

Aussi (M. de Rességuier l'écrivait dernièrement) le légitime regret de ce que l'Assemblée n'a pas pu faire ne justifie pas l'ingrat oubli de ce qu'elle a fait.

N'a-t-elle pas, en moins de quatre ans, réparé les désastres de la guerre, relevé les ruines de la Commune, réorganisé l'armée, rétabli les finances, voté une foule de lois importantes? et, tout en faisant face à ces nécessités de premier ordre, n'a-t-elle pas eu à lutter, depuis le 8 février 1871 jusqu'au 24 mai 1873, contre l'essai non loyal d'une République devenue anticonservatrice? n'a-t-elle pas eu à défendre ses sentiments et son autorité contre les attaques incessantes d'un ambitieux vieillard?

L'éminent M. Depeyre avait raison, quand il s'écriait dans la mémorable séance du 28 juillet :

« Non, Messieurs, vous n'avez pas été une Assemblée im-
« puissante. Non, vous n'avez été une Assemblée impuissante
« ni pour le bien, ni contre le mal. Rappelez-vous dans quel
« état se trouvait le pays, lorsque le 8 février 1871, à la suite
« de l'élection la plus libre et la plus spontanée qui fut jamais,
« la destinée du pays fut remise entre vos mains. Comparez
« l'état d'alors et l'état d'aujourd'hui. Ah ! vous pouvez avec
« confiance jeter vos regards en arrière et mesurer la distance
« parcourue. Et lorsque l'heure de la séparation sera venue,
« vous n'aurez pas à courber la tête devant vos électeurs,
« vous n'aurez pas à rougir devant eux ! »

L'impuissance et le ridicule ne sont pas du reste les seules reproches qu'adressent aux Assemblées les révolutionnaires, les césariens et les absolutistes.

Les Assemblées troublent la paix publique, entravent les affaires et ne sont bonnes qu'à être jetées à la porte : ainsi parlent MM. Gambetta, Rouher et M. Veuillot.

Eh bien ! nous croyons, nous, que les Assemblées, si impuissantes, si funestes même qu'elles puissent être, n'ont jamais fait au pays autant de mal que le gouvernement personnel.

Voilà pourquoi nous défendons le parlementarisme contre des attaques injustes, dont le résultat est d'égarer les foules et de les conduire à l'absolutisme.

ENNEMI DU SEPTENNAT !...

M. le duc de Fitz-James, candidat au Conseil général dans le département du Gard, adressait à ses électeurs une circulaire dont nous extrayons ce qui suit :

« Qui je suis, mon nom vous l'apprend. Je suis catholique « et royaliste ; j'unis dans le même culte la patrie et le roi, « la religion et la liberté.

« Je regrette profondément que la majorité monarchique « de l'Assemblée n'ait pas jugé opportun de reconstituer la « monarchie, lorsqu'elle en a eu l'occasion à Bordeaux, et « après la Commune. J'ai confiance néanmoins qu'un jour « viendra où l'Assemblée comprendra que la prospérité et le « salut du pays sont dans le retour à la tradition monarchi- « que. Mais, jusque-là, observateur de la loi, j'accepte celle « que nos députés m'ont faite, et je suis prêt à seconder de « mon mieux l'illustre maréchal de Mac-Mahon. »

M. Baragnon écrivait de son côté :

« Notre devoir à tous est tracé par la loi. Il consiste au-
« jourd'hui à se grouper autour de l'honnête homme, du
« loyal soldat qui est apparu comme le chef nécessaire des
« conservateurs, dans les circonstances difficiles que nous
« avons traversées. »

M. de Villeneuve :

« En un jour d'heureuse inspiration, la France a confié
« pour sept ans le pouvoir au glorieux soldat de Malakoff et
« de Magenta qui ne parle pas, mais qui agit.
« Quand aura sonné l'heure légale, la France, après tant
« d'épreuves, saura bien, avec le calme de la réflexion et de
« l'expérience, retrouver sa force et son prestige sous des
« institutions définitives. »

M. Jonglez de Ligne :

« Mon concours dévoué est acquis à l'œuvre d'apaisement
« entreprise par le Maréchal Il faut qu'à l'abri d'un pouvoir
« énergique, la France se recueille et médite avec calme les
« enseignements de l'expérience. »

Quand on voit des hommes tels que MM. de Fitz-James, Baragnon, soutenir en termes aussi formels le gouvernement du Maréchal, est-on fondé à dire que « *le parti légitimiste* » est l'ennemi du Septennat?...

Et pourtant, voilà ce qui s'écrit chaque jour dans des feuilles qui ont la prétention d'être décentes ! Le Septennat ! Mais qui l'a proposé? La droite. Qui l'a voté? La droite tout entière, sauf sept abstentionnistes. Qui l'a défendu à la tribune? MM. Baragnon, Ernoul, Depeyre, Chesnelong. Qui a demandé qu'une Commission formulât les lois constitutionnelles déclarées nécessaires? MM. de Larcy, Combier, de Bouillé, Chaurand.

Telle est, en peu de mots, l'histoire du 20 novembre, Messieurs les républicains. Et vous aurez beau faire, le Septennat, créé *malgré vous, contre vous*, restera jusqu'en 1880 le gouvernement des conservateurs sincères.

LES POINTUS.

Déjà plusieurs fois, nous avons signalé le péril que font courir au parti monarchique les violences et les folies de quelques énergumènes. Nous ne nous lasserons pas de dénoncer le mal et de pousser le cri d'alarme.

Chaque jour plus hautains et plus audacieux, les hommes de l'*Univers*, auxquels nous devons déjà l'échec de la restauration, sont en train de compromettre le parti légitimiste, et d'exciter contre lui l'opinion publique. Après avoir imposé aux royalistes d'Anjou le mot d'ordre d'abstention, et favorisé ainsi l'élection du candidat radical, M. Louis Veuillot et ses adeptes, plutôt que de paraître soutenir le ministère, conseillent de nouveau aux royalistes du Nord de s'abstenir entre M. Parsy républicain, et M. Fiévet monarchiste et catholique — mais catholique libéral et monarchiste septennaliste !

Dans le Nord comme dans le Maine-et-Loire, les légitimistes de droite sont intervenus, et, à l'exemple de MM. de Falloux, de Cumont, de Maillé et de Civrac, M. Kolb-Bernard a adressé aux électeurs une remarquable lettre pleine de sages conseils, que nous sommes heureux de reproduire ici :

« Je n'éprouve aucune hésitation à vous dire que mon « vote est acquis à M. Fiévet ; nous vivons en des temps « malheureux où tout se divise et se fractionne dans la « sphère du bien, où tout se rapproche et s'unit dans la « sphère du mal. Il faut se le rappeler au milieu des luttes

« douloureuses où nous sommes engagés, luttes sociales « non moins que politiques. M. Fiévet a peut-être une con« fiance plus grande que la mienne dans l'efficacité du Sep« tennat. Je crois, peut-être plus que lui, que l'organisation « des pouvoirs réclamés comme nécessaires ne saurait avoir « de signification et de valeur réelle, que dans un sens et « pour un but qui ne peuvent être que le rétablissement de « la monarchie légitime.

« Mais c'est avec la pensée de mieux servir la cause qui, « jusqu'à mon dernier jour, me sera chère et sacrée, que je « tends à incliner vers ce qui unit, plutôt que vers ce qui « divise et sépare. »

M. Kolb-Bernard sera-t-il écouté? Les royalistes du Nord mettront-ils les conseils de leur éminent député au-dessus des objurgations de M. Veuillot? Nous l'espérons. Le département du Nord n'est pas, comme le département de Maine-et-Loire, soumis à l'influence des *Pointus.* On ne trouvera jamais à Lille un royaliste assez exalté pour dire de M. Kolb-Bernard, ce qu'on a osé dire, à Angers, de M. de Falloux.

D'ailleurs, les chefs du parti monarchique se sont enfin émus des prétentions de quelques pointus à conduire les royalistes, et la *Gazette de France*, journal de la droite, voyant à quels périls serait exposée la monarchie si l'opinion était plus longtemps trompée par le bruit que font les intransigeants, écrit ceci :

« La monarchie n'appartient à personne ; elle est à tout le « monde. Elle n'est pas la propriété d'une coterie, d'un « groupe, d'un parti. Ce ne sont pas quelques individualités « comprenant la monarchie d'une certaine façon, qui pour« raient être un obstacle sérieux au rétablissement d'un « principe assurant la sécurité, la fortune de tout un peuple. « Ce n'est pas parce que tel ou tel groupe, tels ou tels per« sonnages auront une manière de voir particulière sur la

« monarchie, que des hommes politiques sérieux pourraient « se croire autorisés à déclarer que le rétablissement des « principes monarchiques est impossible, alors que son « utilité pour le bien est manifeste. . . . .

« Si l'on veut considérer les choses avec calme, on verra « que si la nation et la monarchie ne se sont pas entendues, « c'est parce que l'esprit de parti a eu dans les événements « une action prépondérante. Les partis se sont battus entre « eux sur le dos de la nation et de la royauté, on peut le « dire. Ils se sont livré une guerre acharnée, se dénonçant « les uns les autres, s'accusant mutuellement d'intrigues, « de mauvaise foi, et, finalement, privant la France du seul « gouvernement qui saurait réparer ses ruines en lui rendant « la sécurité et les alliances à l'étranger.

« Qu'avait à faire en tout cela le principe salutaire de la « monarchie ? Nous ne le savons pas. En quoi ce principe « a-t-il perdu de sa valeur propre, parce que trois coteries ou « six coteries ne s'entendent pas ? parce que tel duc, tel « marquis, tel bourgeois, ont des vues particulières sur la « monarchie ? »

Cette déclaration importante fait justice des prétentions de quelques écrivains passionnés. Il était temps que ceux qui ont le droit de parler au nom du parti monarchique, fissent entendre ces paroles à l'égard des coteries exclusives qui excommunient si facilement et font de la monarchie leur propriété.

LE CENTRE DROIT ET LE CENTRE GAUCHE.

La question de l'union des centres revient à l'ordre du jour. La *Presse* et le *Moniteur* d'une part, le *Temps* et les *Débats* de l'autre, ont de nouveau engagé des pourparlers.

Il s'agit, cette fois, de former définitivement une majorité centre droit et centre gauche qui voterait les lois constitutionnelles. Le centre gauche accepterait le *Septennat-Mac-Mahon*, à la condition que le centre droit organiserait le *Septennat-République*, qui pourrait ainsi devenir le préambule de la République *tout court :* telles sont les propositions de la coterie Casimir-Périer.

Le *Journal de Paris*, organe de M. le comte de Paris, et le *Français*, journal de M. de Broglie, les ont énergiquement et loyalement repoussées. Entre l'union avec la droite ou l'union avec le centre gauche, ils n'hésitent pas; ils refusent de faire des concessions à l'idée républicaine et s'en tiennent à la politique monarchique du 24 mai et du 20 novembre.

Malheureusement, le centre droit possède, comme l'extrême droite, des incorrigibles et des aveugles qui penchent plus vers la république dite conservatrice que vers la monarchie légitime. MM. Savary et de Lavergne sont les membres les plus influents de cette fraction; la *Presse* et le *Moniteur* en sont les organes avoués. Aussi écoutent-ils favorablement les propositions du centre gauche, et le *Moniteur universel* va jusqu'à dire :

« Le titre de république conféré au gouvernement et celui « de Président de la république accordé au chef du pouvoir « exécutif, ne sont pas des mots sans portée; nous ne fai- « sons pas de difficulté d'admettre le parallélisme de la ré- « publique et du septennat. »

En tenant un pareil langage, les aigus du centre droit donnent aux républicains modérés le droit d'épuiser les avantages de leur position. Le *Temps* le comprend et répond :

« Nous avons toujours souhaité l'alliance des deux cen- « tres, mais nous entendons garder notre programme intact.

« Non, ne l'espérez pas, le centre gauche n'aura pas changé « durant ces quatre mois de vacances, il reviendra la propo- « sition Périer dans une main, et la dissolution dans l'autre : « c'est à vous de choisir ! »

Et les *Débats* ajoutent :

« Il n'y a pas de milieu, il faut choisir. Si vous voulez al- « ler à droite, reprenez M. Ernoul, M. Depeyre. Si vous vou- « lez aller au centre gauche, MM. Dufaure et Cézanne sont « les hommes qu'il vous faut. »

Le centre gauche est clair : il veut tout obtenir et ne rien accorder. Nous espérons que ses dernières exigences ont fermé la porte aux négociations.

MM. Savary et de Lavergne tout aveugles qu'ils sont, ne le seront pas assez pour se laisser absorber par le centre gauche, lequel l'est en grande partie par la gauche gambettiste.

Le centre droit séparé de la droite ne formera jamais qu'un groupe impuissant; son intérêt même le rapproche de la droite modérée, avec laquelle il a, jusqu'à ce jour, combattu et vaincu.

AVANT LE 30 NOVEMBRE.

Les vacances de l'Assemblée ne sont pas celles de la presse. Quand nos députés ne parlent plus, les journalistes écrivent davantage.

Les circonstances, il faut le dire, sont solennelles; la fin de la prorogation parlementaire peut amener le commencement d'une crise grave : chacun le sent et chacun recherche un terrain commun d'entente et d'action.

Examinons donc les plans des diverses partis, et la façon dont chaque groupe politique se dispose à entrer en lice devant l'Assemblée.

Certaines feuilles du centre droit, comme la *Presse* et le *Moniteur*, dévouées spécialement à quelques ministres, demandent *la république septennale*, quelque chose qui ne soit au fond « *ni république ni monarchie,* » s'appuyant sur une nouvelle majorité que formeraient le centre droit et le centre gauche.

Certaines autres, plus autorisées, comme le *Français* et le *Journal de Paris*, réclament l'organisation d'un « *Septennat anonyme* », conservateur avant tout, qui, laissant à la majorité actuelle son assiette, l'étendrait jusqu'aux membres du centre gauche modéré.

Les membres du centre gauche dont le *Journal des Débats* est l'organe, veulent établir une « *république septennale* » qui soit « *république* et *Septennat* » tout à la fois, avec l'accord de toutes les fractions modérées de l'Assemblée.

Le groupe du *Temps* est plus catégorique : il se prononce pour un « *Septennat républicain* » dont le centre gauche serait le maître.

Enfin les journaux de la gauche et de l'extrême gauche réclament la dissolution, espérant qu'une nouvelle Assemblée républicaine forcerait le Maréchal à s'en aller, détruirait le Septennat et fonderait la république démocratique. Cette politique radicale est soutenue par le *Siècle*, la *République* et le *Rappel.*

De leur côté, les impérialistes s'attachent au « *Septennat tout court* », faute de mieux, et travaillent à en faire la préface de l'empire. Le *Pays* spécialement, demande qu'on en revienne à la politique purement antirépublicaine du 24 mai, qui faisait entrer au ministère MM. Magne et de Fourtou.

Quant à la droite, elle n'est pas encore d'accord sur la conduite à tenir dans le débat constitutionnel. A Paris, l'*Union* et l'*Univers;* en province, des feuilles telles que l'*Étoile* et l'*Espérance*, soutiennent la formule : monarchie immédiate ou dissolution ! Nous ne la discuterons pas, car elle est en contradiction formelle avec la loi du 20 novembre qui s'oppose à ce que les sept ans de pouvoir conférés au Maréchal lui soient retirés sans son consentement.

Mais, si nous laissons les organes du groupe des extrêmes, pour lire les feuilles de droite, nous apercevons un plan parfaitement sage et nous voyons un terrain d'union pour toutes les fractions de la majorité conservatrice. Ce terrain est celui du « *Septennat monarchique* ».

Déjà depuis longtemps, la *Gazette de France* avait dit : « La prorogation sera monarchique ou ne sera pas. » Aujourd'hui le *Monde* écrit :

« Ce qui nous reste à faire est très-simple : unissons-
« nous. Cette politique conseillera la seule chose qui soit
« aujourd'hui possible, mais qui est en même temps suffi-
« sante, parce qu'elle garantit le présent et assure l'avenir.
« On fera le Septennat monarchique. La loi du 20 no-
« vembre respectée aboutira à la royauté. Hors de là, pas
« de salut. »

Oui, reconnaître en principe la monarchie, puis organiser les pouvoirs du Maréchal, c'est là la base sur laquelle doit reposer le Septennat. Il est temps qu'on lui restitue son vrai caractère.

Établi le 24 mai, prorogé le 19 novembre par le parti *monarchique*, obstinément combattu et repoussé à ces deux dates par tous les républicains, le gouvernement du Maréchal ne doit pas tourner au profit de la république, il doit être *monarchique*. Le salut est à ce prix.

Toutes les feuilles de droite se rallient à cette proposition : déjà la *Décentralisation* de Lyon, la *Guienne* de Bordeaux, la *Provence* de Marseille, le *Journal de Rennes* ont traité cette importante question du septennat monarchique avec une logique remarquable. Nous espérons que le centre droit se laissera convaincre et s'attachera au programme de la droite modérée, de préférence à celui du centre gauche.

LA POLITIQUE DE BERRYER.

Le 29 novembre 1868, la *Gazette de France* annonçant la mort de Berryer, écrivait :

« Nous sentons toutes les conséquences d'une pareille « perte. C'est un malheur *irréparable.* »

La *Gazette* avait raison. La mort de l'illustre Berryer a été, pour le parti monarchique et pour la France tout entière, un malheur « *irréparable* » : nous le voyons chaque jour.

Berryer, le chef du parti royaliste, que Mgr le comte de Chambord appelait « *son plus éloquent défenseur et son ami le plus fidèle,* » était l'homme des Cahiers et de la Charte dans son acception la plus pure, l'homme de 89 et de 1814 ; il trouvait dans ces deux dates toute sa politique, tous ses regrets et toutes ses espérances ; il ne souffrait pas qu'on appelât le parti dont il était la tête, le parti de l'absolutisme.

Sans antécédents royalistes, sans impressions de famille, par le seul travail de son esprit, et à la seule vue des malheurs du pays, Berryer était arrivé à comprendre, dès l'âge de vingt ans, que « *la France ne pouvait se reposer que dans la* « *vérité des libertés publiques et des institutions constitutionnelles,* « *sous la double garantie de la stabilité et de la continuité du pou-* « *voir souverain.* » Royaliste et libéral, il défendait avec le même zèle la cause de la légitimité et celle de la liberté ; constitutionnel convaincu, il proclamait la nécessité du gouvernement du pays par le pays.

Berryer avait ainsi tracé une voie qu'il fallait suivre r·

solûment. M. de Falloux le comprit, et, dans le discours, qu'il prononça sur la tombe de l'illustre mort, suppliant tous les royalistes de s'inspirer du grand exemple qu'ils avaient eu sous les yeux, l'ancien ministre fit entendre ces paroles : « Dieu veuille permettre que Berryer laisse encore « tomber sur nous ses inspirations, qu'après nous avoir en- « seigné à combattre, il continue à nous guider, que les mains « qui se sont serrées sur son cercueil demeurent unies, et « que cette union survive à nos larmes ! »

Eh bien ! la voie tracée par Berryer a-t-elle été toujours suivie ? Certains du parti royaliste n'ont-ils pas abandonné la vraie tradition de la droite pour suivre les errements des ultras ? Certains n'ont-ils pas préféré à la politique de Berryer, la politique de l'*Univers*, qu'on peut appeler la politique des catastrophes, de l'abstention, de l'absolutisme et de la désunion !

La politique des catastrophes ! l'illustre orateur la flétrissait d'avance, lorsqu'il s'écriait en 1844 :

« Ne parlez pas de perspective de calamités envisagées « par nous comme des espérances. C'est une accusation « odieuse, c'est une accusation injuste. Ce n'est pas nous « qui, jamais, dans la sincérité de notre foi politique, avons « rêvé des malheurs pour réaliser je ne sais quelles espé- « rances d'un avenir peut-être meilleur. Ce n'est pas nous « qui, jamais, considérons ainsi les choses de la France ! « nous n'avons jamais rien fait, rien dit, nous ne ferons « jamais, et nous ne dirons jamais rien qui soit contraire « aux intérêts, à la grandeur, à la liberté, à la dignité de « notre pays ! »

La politique de l'abstention n'avait pas de plus grand ennemi que Berryer.

« En 1830, disait-il, des convictions qui n'ont trouvé en « mon cœur et en mon esprit, de force que dans les vue·

« de l'intérêt de mon pays, m'avaient attaché fortement au « principe de transmission irrévocable de la souveraineté. « Mon adhésion à ce principe n'était pas une affaire de culte « personnel, mais une conviction sincère, que dans ce prin- « cipe il y avait des garanties énormes pour la liberté; et « que la Monarchie était pour la France une grande force, « dans la situation présente de l'Europe.

« Eh bien ! quand ce principe a été frappé, renversé, je « n'ai abdiqué ni ma patrie, ni mes droits de citoyen. La « Révolution s'est faite : on a parlé du développement des « droits et du pouvoir parlementaire : j'ai retenu ma part de « ces droits, ma part de la liberté. J'ai voulu l'exercer au « milieu de vous, et j'ai cru, sans étouffer ce qui était dans « mon cœur, que je ne devais pas, par des événements, si « violents qu'ils fussent, abandonner mes devoirs, ma qua- « lité de citoyen....

« Je dis qu'un parti qui compte dans son sein des hom- « mes qui ont une situation grande et forte dans le pays, « un tel parti qui peut employer au bien public l'éducation « et les loisirs que la fortune donne, ne doit pas rester « spectateur indifférent ou timide dans la lutte des opi- « nions de son pays, et que quel que puisse être l'avenir, « sa force et sa dignité sont de s'être associé aux affaires de « son pays. »

Pour Berryer, l'union des partis conservateurs était le grand intérêt national que chacun devait avoir en vue. Il s'écriait en 1851 :

« Si l'on veut oublier les divisions que les révolutions « ont faites, si l'on veut surmonter les préventions, les res- « sentiments que ces révolutions ont pu jeter dans les « cœurs, on voit clairement que dans notre patrie si me- « nacée et si malheureuse, il n'y a de divisions réelles « qu'entre les hommes et non point entre les choses ; qu'il « n'y a de divisions que dans des vues, des situations par-

« ticulières, mais qu'il n'y en a point sur le fond des pensées, « sur le fond des principes qui doivent diriger cette société. « Oui, nous les voulons tous, ces grands principes fonda- « mentaux d'un gouvernement représentatif, et c'est pour « cela que nous devons tous nous unir pour réaliser les ga- « ranties permanentes de ces droits, de ces libertés dans un « gouvernement constitutionnel et parlementaire. »

Un gouvernement constitutionnel et parlementaire! C'était, en effet, ce que demandait sans cesse l'illustre royaliste. Écrivant à M. de Lacombe qui s'était engagé dans l'*Union libérale*, Berryer s'exprimait ainsi :

« Quelle que soit la forme du gouvernement qui triomphe « en ces jours d'orage, ce gouvernement ne pourra vivre « qu'à la condition d'accepter, de consacrer les libertés pu- « bliques et de les pratiquer loyalement.

« Le régime constitutionnel sera la loi et la condition vi- « tale de l'avenir. Et je répète que dans ma profonde et per- « sévérante conviction, la plus puissante, la plus sérieuse « garantie de l'ordre constitutionnel est dans une consécra- « tion solennelle de la base de notre droit national consti- « tué par les siècles. »

On voit comment Berryer prêchait l'union et combattait l'absolutisme. *Monarchie unie et parlementaire :* telle fut la constante maxime du chef des Royalistes, qui en ce temps-là étaient unis!

Mais après la mort de Berryer, — malheur irréparable! on l'a dit, — le parti légitimiste s'est divisé. Le plus grand nombre, heureusement, a continué à suivre résolûment la voie qui avait été tracée ; une fraction (l'extrême droite) a cru devoir abandonner la politique d'union, de liberté, de prévoyance et d'action. Pour se justifier, on a voulu faire croire que Berryer avait été parfois désavoué en haut lieu. Cela n'est pas. Il suffit de citer le passage suivant d'une lettre écrite, en 1851, à Berryer, par Mgr le comte de Chambord :

« Mon cher Berryer, j'achève à peine de lire le *Moniteur*, « et je ne veux pas perdre un instant pour vous témoigner « toute ma satisfaction, toute ma reconnaissance. Que je « suis donc heureux que vous ayez si bien exprimé des « sentiments qui sont les miens et qui s'accordent par- « faitement avec le langage, avec la conduite que j'ai tenue « dans tous les temps ! Vous vous en êtes souvenu : c'est « bien là cette politique de conciliation, d'union, de fusion « qui est la mienne et que vous avez si éloquemment ex- « posée. »

Et précédemment, en 1849, Mgr le comte de Chambord avait écrit à « *son cher Berryer* » :

« Il y a peu de jours, l'on vous mandait, par mon ordre, « que j'approuvais et que je partageais votre manière de « voir sur le passé et sur l'avenir. En rendant aujourd'hui « justice à votre dévouement, à votre zèle infatigable, et en « vous renouvelant ici l'expression de toute ma gratitude, « je veux vous dire combien j'apprécie la prudence que vous « apportez dans vos démarches..., etc., etc. »

Blâmer la politique de Berryer, c'est donc être plus royaliste que le roi : nous souhaitons que l'extrême droite s'en aperçoive et vienne à résipiscence.

LES ÉLECTIONS DU 22 NOVEMBRE.

Il ne faut pas se dissimuler la gravité de la situation que créent au parti monarchique les élections du 22 novembre.

Dans presque toutes les grandes villes, les conservateurs ont été battus par les républicains, et là où le républicanisme l'a emporté, ce n'est pas le républicanisme du centre gauche ou même de la gauche, c'est le républicanisme le plus radical, le plus effréné.

A Troyes, la liste républicaine conservatrice, patronnée par M. Casimir Périer, échoue piteusement en face de la liste radicale. A Marseille, c'est mieux : la liste du fameux radical Labadié n'obtient que sept mille voix ; les ultra-radicaux, les rouges purs en ont dix-huit mille ! A Toulouse, M. Duportal relève le drapeau de la Commune et remporte un brillant succès contre les républicains de gauche. Ainsi, ce ne sont même plus les Girondins qui sont débordés, ce sont les Montagnards.

A l'heure actuelle, pour obtenir les suffrages des vrais républicains, il faut demander carrément la suppression du budget des cultes, le remaniement au point de vue socialiste de tout notre système d'impôts, l'établissement d'un impôt progressif sur le revenu, le salariat des fonctions électives, etc., etc.

Où allons-nous donc? A la Commune légale? Que le Gouvernement et l'Assemblée prennent garde. Les voilà mis en demeure d'agir énergiquement pour arracher la France à de nouvelles catastrophes : qu'ils agissent. C'est après l'élection Barodet que le 24 mai se fit!

LA SITUATION.

Que va faire l'Assemblée?

L'opinion publique se le demande avec une curiosité anxieuse. Certains journaux abondent, il est vrai, en indiscrétions de toute nature, compromettent le nom du Maréchal dans des commérages de toute sorte, mais nul ne peut dire quel est le programme de la droite, si même il y en a un, capable de rallier une majorité sérieuse.

Et pourtant, il faut agir immédiatement, énergiquement, contre le radicalisme qui nous envahit, et qui déjà est devenu le maître des conseils municipaux dans nos principales villes.

Cette invasion révolutionnaire inspire au *Monde* de tristes mais justes réflexions :

« Voilà, dit-il, le fruit de ces divisions, de ces hésitations,
« de ces faiblesses, avec lesquelles, voyant le bien dès le pre-
« mier jour, l'Assemblée n'a pas osé le proclamer, et a pré-
« féré attendre, user de douceur, jusqu'à ce que le bien fût
« devenu impossible.

« Nous ne récriminons pas, parce que cela ne servirait de
« rien, et parce que, en outre, il y a eu des fautes commises
« de tous les côtés, et que la responsabilité est universelle ;
« parce qu'au point de vue de l'énergie et de l'habileté, nous
« ne trouvons guère à louer que nos ennemis.

« On peut juger, par les élections municipales, ce que se-
« raient les autres. A la Constituante d'aujourd'hui succéde-
« rait une Assemblée de 1791, et peut-être une Convention.
« Notre situation est analogue à celle de 1851. D'un côté, les
« révolutionnaires prêts à la lutte et sûrs de la victoire ; de
« l'autre, les conservateurs découragés et impuissants ; en-
« tre les deux, une Assemblée qui voit le péril sans pouvoir
« s'y soustraire. »

En présence de cette situation, que faire ?

La conjonction des centres étant une œuvre aussi ridicule qu'irréalisable, la dissolution devant être fatalement une « catastrophe », selon le mot de l'*Union*, un seul parti reste à prendre : il faut *reconstituer la majorité du 24 mai et voter les lois constitutionnelles*, en se plaçant sur le terrain monarchique de la prorogation, en restituant à la loi du 20 novembre son double caractère, — un caractère absolument *personnel* au Maréchal, — un caractère essentiellement *antirépublicain*.

Sous le coup de l'impression produite par la lettre de

Salzbourg, on acquit la triste certitude que proposer la Monarchie, c'était la compromettre en l'exposant à un scrutin dont la majorité pouvait ne pas être favorable. Mais tout en retardant l'instant de la restauration, les monarchistes de l'Assemblée entendaient maintenir leur accord sur un terrain nettement antirépublicain. Ce fut donc au profit des idées conservatrices contre la République, que l'on prorogea pour sept ans les pouvoirs du Maréchal, l'élu de la droite, au 24 mai.

Depuis, on a tenté de dénaturer le sens du Septennat : on a voulu en faire une institution indépendante de la personne du Maréchal, une sorte de République conservatrice d'une durée de sept ans, alors que dans la pensée de tous ceux qui l'ont institué, le Septennat est exclusivement, essentiellement personnel.

Les cinquante-deux d'extrême droite se sont alors aigris, et, de concert avec les bonapartistes, ont voté contre le ministère de Broglie, rompant ainsi les premiers le faisceau des forces conservatrices. De son côté, le centre — car il n'est pas un parti qui n'ait commis de fautes — a excité de justes susceptibilités, en semblant vouloir confisquer le Septennat à son profit, en ne pratiquant pas toujours la politique énergiquement conservatrice annoncée par le Maréchal.

Mais en présence du péril qui nous menace, faut-il donc continuer à se suspecter, à s'accuser, à se séparer? faut-il encore fomenter des discordes et diviser nos forces?

Nous pensons, nous, qu'à l'heure actuelle, il est absolument nécessaire de reformer la majorité du 24 mai et d'organiser les pouvoirs du Maréchal dans le sens *antirépublicain* nettement spécifié au 20 novembre.

LES LOIS CONSTITUTIONNELLES ET LA LETTRE ROYALE.

Les journaux ont fait grand bruit de la lettre que Mgr le comte de Chambord a adressée à son ami M. de la Rochette.

Tout ce qui sort de la plume du chef de la maison de Bourbon est, en effet, de nature à produire une grande impression.

Mais les feuilles républicaines (dont le seul espoir est d'assister à la dislocation définitive de la majorité) ont voulu se servir de cette lettre et en faire un brandon de discorde; elles ont prétendu y voir une interdiction aux députés royalistes de voter « *aucune* » loi constitutionnelle.

Rien n'est plus faux. Il suffit, pour s'en convaincre, de lire les lignes suivantes, tirées du *Courrier de la Vienne*, organe de M. Ernoul :

« Dans cette missive, qui n'est pas destinée à la publicité,
« le Roi engage ses amis à ne pas repousser les mesures qui
« pourraient raffermir les pouvoirs *personnels* du Maréchal,
« mais il les invite à rejeter toute loi tendant à donner un
« caractère *impersonnel* à l'autorité du Président. D'où, la
« nécessité de s'opposer aux lois concernant la *transmission*
« *des pouvoirs* et la création d'une seconde Chambre. »

N'est-ce pas le programme même de la droite et de la plus grande partie du centre droit? Repousser le septennat *indépendant de la personne* du Maréchal, refuser de s'associer à ceux qui dénaturent le vote du 20 novembre et en méconnaissent le sens, n'est-ce pas la politique de la majorité? Les républicains se sont donc trop pressés de voir dans la lettre de Mgr le comte de Chambord ce qu'ils auraient voulu y voir.

La droite fortifiera les pouvoirs *personnels* du Maréchal en lui donnant le droit de dissolution et en votant une loi électorale conservatrice. Elle rendra ainsi plus solide le gouvernement existant; elle n'en augmentera pas pour cela la durée déjà fixée le 20 novembre 1873.

BERRYER ET LES INTRANSIGEANTS.

Le lendemain même du jour où l'*Écho* insérait notre article sur « *la politique de Berryer* », le *Correspondant* publiait une remarquable « *Étude sur M. Berryer et la situation présente* » due à la plume de M. de Lacombe, député.

M. de Lacombe, en évoquant avec tant d'à-propos la grande autorité de l'ancien chef des royalistes, a excité les fureurs de la presse intransigeante. L'*Univers* accuse l'honorable député de calomnier Berryer, l'*Univers* qui, en 1868, outrageait Berryer sur son lit de mort! D'autres journaux extravagants prétendent que Berryer eût été aujourd'hui avec eux, et non avec ses anciens amis de la droite modérée: MM. de Larcy, Ernoul, de Kerdrel, Depeyre, de Meaux.

Nous comprenons sans peine que les pointus sentent quelle faiblesse c'est pour leur petite église d'avoir contre eux l'autorité de Berryer. Mais les faits sont là. Pendant sa vie Berryer a été attaqué, après sa mort il a été répudié par les hommes de l'*Univers*. Qu'ils ne prétendent pas aujourd'hui attirer à eux ce grand nom !

Il ne leur appartient pas.

Est-ce que, pas plus tard que l'an dernier, un membre influent de l'extrême droite, répondant à M. de Falloux, ne répudiait pas complétement la politique de Berryer? Il écrivait ceci :

« Vous invoquez, auprès de moi, le nom de Berryer qui
« m'a toujours été cher; *c'est lui qui, avec vous, a commencé,*

« *en* 1848, *cette politique de concessions.* Eh bien! je vous le de-
« mande, quels succès avez-vous obtenus?

« A la politique des concessions, *nous opposons la politique*
« *de résistance* sur les principes, et leurs légitimes conséquen-
« ces. Nous avons vu et nous voyons tous les jours que *cette*
« *politique est bonne.* »

Que dire après cela? et pourquoi vouloir s'abriter maintenant derrière Berryer?

Berryer était de cette école vraiment monarchique qu'ont illustrée les Clermont-Tonnerre, les Cazalès, les Lally-Tollendal, les Malouet, les Mallet du Pan, les de Richelieu, les de Serre, les de Villèle, les de Martignac, ces hommes qui, à l'Assemblée de 89, pendant l'émigration, à Paris, sous le Directoire, sous la Restauration, servaient la cause du Roi avec autant de dévouement que de clairvoyance.

M. DE BISMARCK ET LES RADICAUX.

Le jour même où M. Challemel-Lacour, du haut de la tribune, osait invoquer les menaces de la Prusse contre les catholiques français, et appelait en quelque sorte l'intervention de nos ennemis dans la question de l'enseignement supérieur, M. de Bismarck prononçait au Reichstag un réquisitoire passionné contre le Catholicisme.

Cette triste coïncidence nous a frappés. Elle montre assez que chez les radicaux actuels l'esprit de secte a remplacé tout patriotisme. Voilà où en est le parti républicain! Les terroristes de 93 avaient du moins conservé intact le sentiment de la patrie!

En ce moment M. de Bismarck est le grand chef de la révolution européenne, et dans la lutte qu'il a entreprise contre les idées religieuses et conservatrices, les radicaux français sont ses meilleurs alliés : on l'a vu à propos des affaires espagnoles, on le voit à propos de la liberté de l'enseignement. C'est du côté de Berlin que M. Challemel-Lacour tourne ses regards ; c'est M. de Bismarck que la *République française* invoque !

Après l'incroyable discours que M. de Dampierre a si bien caractérisé, quand il s'est écrié : « *C'est odieux !* » voici ce qu'écrit l'organe le plus accrédité du parti républicain :

« En combattant l'ultramontanisme, que fait M. de Bis-
« marck après tout ? Il se substitue à la France elle-même.
« La société moderne, les droits de l'intelligence, les pro-
« grès de l'esprit scientifique, de la libre pensée, sont mena-
« cés et mis en péril. M. de Bismarck en prend hautement la
« défense. Hélas ! que ne pouvons-nous en faire autant ? »

Ces lignes méritent d'être méditées, dit le *Monde ;* elles marqueront d'une ineffaçable empreinte le parti qui ose avouer de tels sentiments.

Quand on ose faire ainsi, à l'ennemi de son pays, cette auréole de héros intellectuel et moral, de champion de la civilisation et du progrès contre ses propres concitoyens, quel sentiment pense-t-on faire naître dans l'âme de ceux qui lisent un tel panégyrique ?

En prenant parti pour les persécuteurs contre les victimes, les radicaux ont perdu le droit de se dire libéraux ; ont-ils gardé le droit, après de telles paroles, de se dire Français ?

L'UNION DES CENTRES ET L'UNION DES DROITES.

Cette fois, les républicains dits modérés se sont bel et bien divisés ! C'est l'élection de M. Corne à la présidence du centre gauche qui a causé ce grand malheur !

Tandis que la fraction qui obéit à l'impulsion de MM. Dufaure et Périer voulait se rallier à la majorité conservatrice pour appuyer le gouvernement, l'autre fraction, sous l'inspiration de M. Thiers, cherchait à se rapprocher de la gauche pour amener la dissolution et satisfaire ainsi ses rancunes. Ces deux tendances s'étaient personnifiées, l'une dans la candidature de M. Christophle, l'autre dans celle de M. Corne. M. Corne l'a emporté ! De là, des récriminations, des divisions qui nous intéressent plus qu'on ne croit, car c'est à elles que nous devons la reprise des négociations entre le centre gauche-droite et le centre droite-gauche, entre M. Périer et M. de Lavergne.

Du reste, jamais la confusion n'a été plus grande ; de quelque côté que l'on tourne les regards, on ne voit qu'émiettements, impuissance.

C'est ainsi que l'extrême droite et le centre droit, par l'organe de l'*Union* et du *Français*, se livrent depuis quinze jours une bataille acharnée, au sujet de la conduite que devront tenir les cent membres de la droite modérée, lors de la discussion des lois constitutionnelles. A ce propos, la *Gazette de France*, toujours politique et clairvoyante, émet les réflexions suivantes :

« Quand la gauche demande la mise à l'ordre du jour des « lois constitutionnelles, c'est qu'elle espère que la droite se « divisera sur cette question, et que l'on arrivera par ce « moyen à la solution que poursuivent les républicains : la « proclamation de la République, ou au moins la disso- « lution.

« La majorité comprend-elle bien la gravité de cette si- « tuation? C'est ce dont nous voudrions être sûr ; malheu- « reusement, nous ne voyons pas que les conservateurs « sachent que nous arrivons à l'heure décisive.... Si la Ré- « publique est fondée ou organisée, c'est que les partis « monarchiques n'auront pas su faire leur devoir, et *à défaut* « du gouvernement définitif, préserver le pays contre les

« entreprises des radicaux.... La question se présente ainsi :
« *ou l'affermissement d'un statu quo monarchique*, réservant,
« préparant l'avenir de la Monarchie, *ou la République!* »

Oui, pour arrêter la crise qui nous menace, il faudrait un rapprochement sincère du gouvernement et de *tous* les groupes qui composaient la majorité du 24 mai et du 20 novembre; il faudrait renoncer à cette politique d'équilibre, de bascule et former un nouveau ministère, expression fidèle de *toutes les droites*.

Une seule politique est possible, c'est celle qui grouperait autour du Maréchal l'extrême droite, la droite modérée et le centre droit.

MM. de Lavergne, Dufaure, d'Audiffret, Périer, auront beau vouloir réaliser l'*union des modérés* sur le terrain de la République septennale ou du Septennat impersonnel, jamais ils ne réussiront à former une majorité gouvernementale. A droite, on ne laissera pas dénaturer le caractère impersonnel du Septennat; à gauche, on refusera d'organiser une République qui ne serait pas reconnue et votée.

RÉPUBLIQUE OU MONARCHIE.

Le procès du comte d'Arnim a mis au jour des pièces d'un immense intérêt pour notre pays.

Plusieurs fois déjà, nous avions soutenu et démontré que M. de Bismarck désirait voir en France une République, comme garantie de notre impuissance; mais nous ne pensions pas recueillir en faveur de notre thèse un argument si fort, de la plume même de notre mortel ennemi. Aujourd'hui, la preuve est faite, faite en maint endroit de cette correspondance diplomatique échangée entre le chancelier et l'ambassadeur.

M. de Bismarck veut une République française : elle rentre dans ses combinaisons. M. de Bismarck a compris que c'était la République qui devait nous achever.

Pourquoi? Il est facile de le voir.

La République est une cause de divisions intérieures et d'impuissance diplomatique. Au dedans elle nous mine, au dehors elle nous isole.

La République, c'est l'affaiblissement et l'impossibilité de trouver des alliances. A ce double titre, elle fait les affaires de la Prusse.

La Monarchie, au contraire, c'est la consolidation et la possibilité de rentrer dans le concert européen; la Monarchie se présente comme un principe de reconstitution intérieure et de relèvement extérieur : voilà pourquoi M. de Bismarck n'en veut à aucun prix.

En présence de ces révélations inattendues, tous ceux pour qui la République a été une illusion momentanée, un rêve honnête, continueront-ils à se boucher les yeux? Ne se rendront-ils pas à l'évidente démonstration qu'un incident providentiel nous apporte, à la nécessité de rendre à la France un gouvernement stable et conforme à ses traditions?

La question qui se pose au lendemain des révélations du procès d'Arnim est celle-ci :

Veut-on une France impuissante avec la République, ou une France forte avec la Monarchie?

C'est une question d'existence nationale. Il s'agit d'être ou de ne pas être Français!

C'EST TRISTE!

Nous nous étions imaginé que les révélations du procès d'Arnim gêneraient un peu le parti républicain. Persister à demander un gouvernement que M. de Bismarck regarde comme son complice, dans l'œuvre de destruction qu'il a entreprise contre la France, c'était à notre avis singulièrement antipatriotique !

Naïf que nous étions ! Devions-nous être surpris de voir se déclarer vassaux de la Prusse, ceux-là qui ont contribué à faire l'unité de l'Italie, applaudi à la victoire de Sadowa, défendu Garibaldi, l'insulteur des Français ?

Donc, les modérés du *Temps* et des *Débats*, comme les radicaux de la *République* et du *Siècle*, prennent l'attitude la plus dégagée en face des plans en partie dévoilés de la diplomatie bismarckienne, et crient plus fort que jamais : La République ! vive la République !

« Pour les justifier, dit le *Figaro*, on hésite entre ces deux « mots : la candeur de Jocrisse, ou l'audace de Danton. Les « ardeurs de la politique peuvent sur certaines questions fausser les esprits ; mais s'entendre accuser d'être fatalement les « auxiliaires que s'est donnés la politique d'un ennemi sans « pitié, et ne pas trouver dans son patriotisme ainsi mis en « cause, un cri, un mot qui prouve à défaut de bonnes raisons « qu'on a cruellement ressenti cette injure qui en tombant « sur les doctrines rejaillit sur les hommes.... En vérité c'est « trop triste ! »

L'UNION ANTIRÉPUBLICAINE.

On lit dans l'*Union :*

« Il résulte d'une conversation tenue par quelques membres « du centre droit et de la droite modérée qu'il est opportun « de reconstituer une majorité, et que cela est possible sur

« le terrain administratif, électoral, et sur celui de la loi sur « la presse. Des membres de la droite modérée, qui com« prennent l'attitude prise par l'extrême droite, serviraient « de trait d'union, dans ce but, entre elle et le centre droit. « D'un autre côté, d'accord en cela avec des membres de la « droite modérée, des membres du centre droit commencent « à trouver que l'institution d'un Sénat ne donnerait pas « toutes les garanties qu'on semble en attendre, et que rien « ne s'opposerait à ce que l'on donne la priorité à la loi élec« torale. En résumé, dans les rangs du centre droit et de la « droite modérée, il se trouve des membres disposés à mettre « fin à la réserve qui préside tous leurs rapports avec l'ex« trême droite, et à chercher un terrain commun sur lequel « la majorité du 24 mai puisse se retrouver tout entière. »

Nous ne cachons pas la joie que nous ont fait éprouver ces quelques lignes. L'*Union* est sérieuse, et quand elle annonce un retour possible à la politique du 24 mai et du 20 novembre, il est permis de la croire. Le 24 mai, c'est l'*union* de tous les partis monarchiques, de toutes les fractions royalistes ; le 20 novembre, c'est l'institution d'un pouvoir *anti-républicain*, confié au Maréchal pour sept ans.

La politique du 24 mai 1873 a succombé le 16 mai 1874, sous les votes hostiles du parti bonapartiste et des cinquante-deux d'extrême droite ; la politique du 20 novembre a été méconnue par les aigus du centre-droit, quand ils ont voulu substituer au Septennat *personnel* le Septennat *impersonnel*, qui n'aurait été autre chose que la république conservatrice de M. Thiers.

Il s'agit en ce moment, si l'on veut éviter la dissolution et l'anarchie, de reformer une majorité compacte et hardiment antirépublicaine.

La *Gazette de France* le dit excellemment :

« Comment ne s'entendrait-on pas pour conserver un *statu* « *quo* qui protége notre lendemain, le lendemain de la

« France? Sur ce point, il n'est pas possible que tout ce « qu'il y a de conservateurs, de monarchistes à un degré « quelconque, ne soit d'accord. »

Mais, sur quel terrain refaire l'union des monarchistes? Sur le terrain de l'organisation du Septennat ramené à deux points : la loi électorale, le droit de dissolution.

Nous le disions, il y a quelques jours, à propos de la lettre de Mgr le comte de Chambord : la droite ne refuse pas de se prêter à une organisation toute personnelle au Maréchal; ce qu'elle repousse, c'est une organisation indépendante de celui qui représente le Septennat. Depuis un an on pérore sur la transmission des pouvoirs; le pays est las de ces éternelles et monotones discussions, il voit clairement que la sécurité repose sur une base bien plus solide : la durée des pouvoirs du Maréchal.

Il a vécu pendant un an sans Constitution mais sans révolution : il n'en demande pas davantage pour le moment.

LA LOI DU 20 NOVEMBRE.

Trois opinions bien nettes se sont trouvées en présence aux conférences de l'Élysée :

1° Le Septennat républicain.— C'est la proposition Casimir Périer.

2° Le Septennat impersonnel. — C'est un provisoire *quelconque*, devant durer *en tout état de cause* jusqu'au 20 novembre 1880.

3° Le Septennat personnel. — C'est le provisoire *antirépublicain*, c'est le gouvernement *septennal*, mais destiné à finir avant le 20 novembre 1880, si un malheur enlève le Maréchal à sa mission.

Telle est la thèse qu'ont soutenue avec raison les députés de la droite modérée, MM. Depeyre, de Kerdrel et Chesnelong.

Que disait en effet le maréchal de Mac-Mahon dans son Message du 25 mai 1873 :

« Le gouvernement qui vous représente doit être et sera,
« je vous le garantis, résolûment et énergiquement conser-
« vateur. »

Que disait-il six mois plus tard, lors des négociations monarchiques :

« Si, comme soldat, je suis toujours au service de mon
« pays ; comme homme politique je repousse absolument
« l'idée que je doive garder le pouvoir quand même. J'ai été
« nommé par la majorité des conservateurs, et je ne m'e
« séparerai pas. »

Que disait-il dans le Message du 17 novembre 1873 :

« Je déclare hautement que j'userai des pouvoirs qui me
« sont confiés pour la défense des idées conservatrices. »

Que disait de son côté M. le duc de Broglie, le 24 juillet 1874, dans sa réponse à M. Casimir Périer :

« Le chef de l'État ne peut jamais complétement échapper
« à la solidarité des partis. Élu par un parti, il en représente
« toujours les tendances, les intérêts, les sentiments.... Il
« est impossible, absolument impossible, de ne pas admettre
« dans une certaine mesure que l'illustre Maréchal ayant été
« porté par un mouvement d'opinion, ne soit pas jusqu'à un
« certain point solidaire de certaines situations, de certains
« sentiments, cela est impossible ! »

M. de Kerdrel a donc eu raison de soutenir que le Septennat devait rester jusqu'en 1880, franchement antirépublicain, et que l'illustre Maréchal, nommé par une majorité monarchique, chargé de poursuivre un but uniquement conservateur, ne pouvait prendre son point d'appui en dehors des droites qui lui ont confié le pouvoir.

Mais dans l'esprit de ceux qui l'ont institué, le Septennat n'est pas seulement antirépublicain, il est encore personnel. C'est, comme l'a fort bien dit M. Lambert-Sainte-Croix, un gouvernement consenti par les conservateurs *en raison de la personne* du Maréchal ; ce n'est pas un gouvernement destiné à durer sept ans avec ou sans le Maréchal, à être transmis à un chef d'État inconnu.

La droite accepte l'organisation des pouvoirs du Maréchal, mais dans les conditions spécifiées au 20 novembre. Elle ne veut pas que sous prétexte d'organiser le Septennat, on fasse la République, même celle de MM. Dufaure, Casimir Périer, de Lavergne et d'Audiffret-Pasquier.

A PROPOS DE L'ÉLECTION CAZEAUX.

A la veille d'aborder les *Lois constitutionnelles* et la question du *Titre du gouvernement*, l'élection bonapartiste des Hautes-Pyrénées fournit un sérieux enseignement que les conservateurs feront bien de méditer.

On ne peut en douter : M. Cazeaux a été nommé en haine de la *République ;* M. Alicot a échoué parce qu'il représentait la politique impuissante des Decazes et des Dufaure, *la politique de la conjonction des centres.*

Le pays goûte peu les finesses des partis ; les minuties parlementaires l'agacent : il ne comprend que la politique réduite à des formules brèves et claires, parce qu'il la considère au point de vue immédiat de ses intérêts. Il veut la sécurité, l'ordre, la confiance que donne un gouvernement héréditaire, fort et stable. Il est monarchique et veut la Monarchie.

Mais c'est aux conservateurs à diriger cette volonté. La *Gazette de France* le dit en excellents termes :

« Le pays a besoin de sécurité, on lui répond: républi-
« que ; il a besoin de clarté, on lui répond : conjonction des
« centres ; il a besoin d'un lendemain, on lui répond : rien.
« Prenons garde ! il est visiblement las, et depuis longtemps
« déjà il montre quelque impatience et quelque irritation....
« Cette balançoire qui va du centre droit au centre gauche,
« ce jeu puéril commence à lui tourner au cœur. Il demande
« très-clairement qu'on l'arrête. »

Eh bien ! ce sont les monarchistes de l'Assemblée qui doivent arrêter ce jeu : il n'est que temps ! MM. Decazes et d'Audiffret-Pasquier n'ont pas encore vu que la conjonction des centres est un pur mirage, la transmission des pouvoirs une simple niaiserie, ils grillent toujours d'impatience d'avoir une seconde Chambre : c'est un malheur pour eux, que les derniers événements ne les aient pas éclairés, mais Dieu merci, la grande majorité du centre droit refuse de les suivre et entend rester avec la droite modérée, fidèle à la politique du 20 *novembre*.

Il s'agit, en effet, aujourd'hui, de savoir si l'on veut reprendre avec le Maréchal l'œuvre interrompue de M. Thiers, l'organisation de la République, ou si l'on va revenir simplement, loyalement, à la loi du 20 novembre, en réclamer l'application stricte, en conserver l'esprit.

« Nous ne sommes pas de ceux, — dit la *Gazette*, que
« nous ne saurions trop citer, — nous ne sommes pas de
« ceux qui se croient obligés, quand ils ne peuvent pas
« donner la monarchie à la France, de lui infliger la répu-
« blique. Quand nous ne pouvons faire la monarchie, nous
« maintenons le *statu quo* le plus monarchique possible,
« pour la préparer. Nous ne disons pas : république ou mo-
« narchie ; nous disons simplement : république, ou, à dé-
« faut de la monarchie, *statu quo* avec les monarchistes, pour
« les monarchistes. »

C'est ce *statu quo* qu'il faut conserver en le dégageant des combinaisons qui indisposent le pays, des lois constitutionnelles qui compliquent la situation.

Créer un Septennat impersonnel; organiser un gouvernement composé de deux Chambres et d'un Président, pourvoir à son remplacement, en prescrire le mode, qu'est-ce faire, sinon constituer la république? Et c'est pour arriver à un semblable résultat qu'une révolution se serait faite le 24 mai 1873! C'est seulement pour arracher la république aux mains de M. Thiers, pour la baptiser sous le nom de Septennat et lui donner pour parrains MM. Decazes et Pasquier!!... Non! cela ne se peut!

Le Septennat *personnel* et *conservateur* a fonctionné de lui-même sans résistance et sans conflit, du 20 novembre 1873 à ce jour 23 janvier 1875; ne peut-il pas durer jusqu'en 1880? Sans croire que tout est pour le mieux dans le meilleur provisoire possible, contentons-nous d'attendre les événements.

LE SEPTENNAT MONARCHIQUE.

Les discours prononcés dans la séance du 21 janvier, par MM. de Ventavon, de Lacombe et de Carayon-Latour inspirent à la *Gazette de France* les réflexions suivantes:

« La France, au milieu de l'Europe monarchique, et avec « son tempérament monarchique, ne se relèvera de ses dé« sastres, ne retrouvera des alliances, ne s'assurera la paix « à l'extérieur et la sécurité à l'intérieur, que par le réta« blissement de la monarchie.

« Voilà ce que les orateurs de la droite ont mis de nou« veau en lumière. M. de Ventavon, M. de Lacombe et « M. de Carayon sont également convaincus de cette vérité.

« Sur ce point donc, que la Monarchie est indispensable à la « France, il n'y a pas de désaccord.

« Mais où l'on cesse de s'entendre, c'est lorsque l'on « cherche les moyens d'assurer l'avenir de cette Monarchie : « chacun a une manière de voir différente.

« Pour nous, nous avons toujours compris qu'il n'y avait « qu'un bon moyen d'assurer cet avenir, c'est d'être maître « du présent, de tenir le pouvoir et de diriger les affaires « de la nation. Aujourd'hui, nous sommes en présence d'un « fait considérable : la prorogation des pouvoirs du Maré- « chal, il s'agit de proposer une organisation des pouvoirs « où les intérêts monarchiques soient en sécurité.

« Hier, nous avons entendu MM. Ventavon et de Lacombe « accorder trop, et M. de Carayon n'accorder rien. »

L'organe de la droite politique ne se contente, on le voit, ni d'affirmations monarchiques, ni de discours royalistes, il veut une politique effective, demande à ses amis de présenter un programme, de formuler une proposition acceptable, qui ne soit pas en désaccord avec la loi du 20 novembre.

Il ne faut pas seulement critiquer et protester, il faut conclure et agir : il faut organiser un état de choses, qui empêche la république de triompher et prépare le retour de la monarchie.

Cet état de choses, quel peut-il être? quel doit-il être? *Le Septennat monarchique*. Et tout d'abord, nous espérons que durant la discussion en seconde lecture du projet Ventavon, la droite proposera de supprimer le titre de *Président de la République*.

Aux termes de la loi du 20 novembre, le Maréchal doit porter ce titre jusqu'aux votes des lois constitutionnelles; mais à dater de ces lois, l'Assemblée peut le lui enlever.

Elle le peut et elle le doit. Oui, elle doit arracher ce faux nom de *république*, qui pèse sur la situation, qui entretient l'équivoque et désorganise la majorité. En face des exigences outrecuidantes du centre gauche, et des violences de la gauche, il faut que le centre droit, d'accord avec le gouvernement, rejoigne la droite modérée sur le terrain monarchique, et fasse de la loi du 20 novembre une œuvre nettement antirépublicaine.

Dans son éloquent discours M. de Ventavon a affirmé le caractère *personnel* et *conservateur* du Septennat. Il a dit :

« Il suffit de se reporter au texte et à la discussion de la « loi du 20 novembre pour se convaincre que le pouvoir est « attaché à *la personne* du Maréchal. Les orateurs ont appuyé « la prorogation des pouvoirs du Maréchal sur ces qualités « personnelles, sur la confiance qu'il inspirait au pays, sur « son courage et sa loyauté. »

Et plus loin :

« Le Maréchal a promis de ne faire usage de ses pouvoirs « que pour la défense des idées *conservatrices*. Il ne laissera « pas le pouvoir aller à des mains ennemies. »

Ainsi, le Septennat est *personnel* et *conservateur*. Pourquoi donc laisser au chef du pouvoir un titre *républicain?* Il y a dans cette opposition entre le mot de République et le caractère du gouvernement actuel une anomalie qui choque la raison et renverse la logique.

Mais pour faire du Septennat une œuvre vraiment monarchique, il ne suffit pas d'enlever au Maréchal son titre de Président de la République, il faut encore voter des lois qui fortifient son pouvoir, et garantissent l'ordre social : loi sur la presse, loi électorale, loi sur l'enseignement; il faut enfin confier la défense des intérêts conservateurs à un ministère pris exclusivement dans les rangs des trois droites.

Alors la parole de M. de Lacombe sera vraie :

« Ce n'est pas déserter la cause de la Monarchie que d'or- « ganiser le gouvernement institué par la loi du 20 novem- « bre, c'est travailler pour elle ! »

DEUXIÈME PARTIE

LA RÉPUBLIQUE DU 25 FÉVRIER

LA POLITIQUE DU CENTRE DROIT.

Le Septennat *personnel*, *conservateur*, *monarchique* n'existe plus. La loi du 20 novembre a été détruite par le vote du 30 janvier et du 2 février.

Le 20 novembre, on avait créé un abri passager pour attendre l'heure propice de la restauration : le 30 janvier et le 2 février on a fait d'une tente un établissement définitif, on a transformé le *Mac-Mahonnat* en une institution. La prorogation des pouvoirs du Maréchal est devenue une succession de prorogations ; on n'a pas craint d'accorder aux présidents futurs ce qui n'avait été accordé qu'au duc de Magenta, en raison de la confiance qu'il inspirait.

Enfin, l'altération de la loi du 20 novembre est telle qu'on en a fait l'établissement de la république !

Le *Wallonnat*, c'est en effet la république organisée, sans être proclamée.

N'ayant pu obtenir la proclamation effective du régime qui leur est cher, les gauches ont accepté les dispositions préparées par les naïfs du centre droit et les habiles du centre gauche, les Wallon et les de Ségur, les Dufaure et les Léon Say. Le plan des républicains est du reste très-simple : poursuivant l'établissement de la République, ils votent sans hésiter et avec une discipline parfaite (on l'a vu par la soumission de MM. Marcou et L. Blanc) tout ce qui peut les rapprocher de ce but.

Mais ce que nous ne comprenons guère, c'est que, dans le vote du 30 janvier, des monarchistes tels que MM. d'Haussonville, de Lavergne, Adrien Léon, de Ségur, Savary aient contribué à former une majorité républicaine.

M. Adrien Léon a fait connaître le mobile auquel ont obéi ses amis : c'est la peur du bonapartisme. Ils s'imaginent que la République peut seule fermer la porte à l'Empire!

N'est-elle pas, au contraire, le gouvernement qui la lui a toujours ouverte, et qui la lui ouvrirait encore une fois, et à deux battants, le jour où elle se dirait définitive?

L'Empire, l'histoire le montre suffisamment, a toujours puisé ses chances dans une réaction contre la République; et si depuis quelque temps les candidats impérialistes ont pu triompher, c'est qu'ils se sont posés très-nettement en adversaires de la République.

M. de Carayon-Latour le disait excellemment dans son éloquent discours :

« Toutes les fois que les Français ont eu à se prononcer, « ils ont exprimé leur horreur pour la République. En 1847, « il n'y avait pas en France 10,000 bonapartistes, et cependant, deux ans plus tard, sous une République vingt fois « proclamée, la France repoussait un général respecté et « vaillant, mais d'origine républicaine, et se prononçait « pour un nom antirépublicain. Et lorsque plus tard, manquant à son serment, cet homme a renversé la République, « 8 millions de suffrages, en l'approuvant, ont témoigné de « la frayeur que la République inspirait.

« Eh bien, livrez le pays à la République, et il s'accrochera « encore à l'Empire, comme le naufragé s'accroche à une « épave que la vague pousse sous sa main. Il n'y a qu'une « barrière contre l'Empire, c'est la monarchie. Si vous faites

« la République, ce jour-là, Messieurs, les bonapartistes
« pourront dire : l'Empire est fait! »

La vérité, la voilà! Et nous espérons encore, qu'avant la troisième lecture des lois constitutionnelles, le centre droit retrouvera la vraie voie que lui a fait perdre une trop grande émotion.

Que MM. Savary et d'Haussonville se rappellent l'histoire de Gribouille. Gribouille se jetait à l'eau pour ne pas se mouiller!...

LA RÉPUBLIQUE WALLON.

Il est utile de considérer les scrutins de ces jours derniers : on y voit le résultat fatal des divisions du parti monarchique, la conséquence lamentable de son défaut d'entente et de son indiscipline.

Le 29 janvier, la République Laboulaye était battue par une majorité de 24 voix ; le 30, la République Wallon réunissait 1 voix de majorité ; le 2 février, elle en ralliait 182.

Si l'amendement la Rochefoucauld-Depeyre avait passé, le Septennat restait personnel et conservateur, la République était encore une fois vaincue.

Mais quatorze intransigeants de l'extrême droite refusant d'accorder au Maréchal le droit de dissolution, se sont séparés de toutes les droites pour s'abstenir, et ont ainsi donné une majorité de 8 voix.

En présence de ce refus manifeste de faire quoi que ce soit, le centre droit s'est, à son tour, séparé de la droite, et s'est jeté avec armes et bagages dans les rangs de l'ennemi.

C'est donc à l'indiscipline des Intransigeants d'abord, au défaut d'entente du centre droit ensuite, que nous devons d'être en République!

Au moment où l'on remplace *un provisoire tutélaire* qui abritait nos espérances royalistes, par *un définitif républicain*, il est bon, ce nous semble, de faire connaître les responsabilités.

Quand donc les conservateurs suivront-ils l'exemple de leurs ennemis? Quand imiteront-ils cette admirable discipline des gauches, qui fait voter ensemble les Marcou, les Challemel-Lacour, les Jules Simon, les Casimir Périer et les Salvandy?

Donc, à moins qu'en troisième lecture la Constitution Wallon ne soit définitivement écartée, nous sommes en République! Sous prétexte d'organiser les pouvoirs du Maréchal, l'Assemblée a organisé un régime où il n'est plus question de lui, où son titre même disparaît, où l'on règle le sort de Présidents futurs et inconnus. Elle a renversé l'œuvre du 20 novembre, et forcé l'élu du 24 mai à prendre la suite des affaires de M. Thiers.

Pourquoi donc avoir fait le 24 Mai?

Le centre droit s'imagine sans doute qu'une République dont les parrains sont MM. Decazes, d'Audiffret, d'Haussonville, Savary, sera toujours résolûment et énergiquement conservatrice.

C'est le cas de lui remettre sous les yeux ces éloquentes paroles que M. Chesnelong faisait entendre dans la séance du 30 janvier :

« Je ne confonds pas l'esprit républicain et l'esprit révolu-
« tionnaire, mais la confusion que je ne fais pas, l'esprit
« révolutionnaire la recherche; la République est sa chose à
« lui, c'est pour elle qu'il combat, et quand elle triomphe, il
« prétend recueillir les fruits de la victoire. La République
« aura beau se dire conservatrice, qu'elle le veuille ou non,
« par cela seul qu'elle existe, elle augmente les forces de
« l'esprit révolutionnaire, elle surexcite ses espérances, elle
« lui donne des allures et des prétentions de vainqueur....,

« Ai-je besoin maintenant de vous rappeler les doctrines
« de l'esprit révolutionnaire?

« Que ferait-il de la magistrature? Il briserait son inamo-
« vibilité.

« La famille! il la déshonorerait par le divorce.

« La propriété! il la menace de l'impôt progressif.

« La religion! il voudrait l'atteindre dans son organisa
« tion par la suppression du budget des cultes, dans sa liberté
« par des lois d'oppression.

« L'enseignement! il voudrait chasser Dieu de nos écoles
« et y mettre le christianisme en interdit.

« Eh bien! cet esprit-là, il vit, il marche, il vous me-
« nace! »

Oui, il nous menace, et il s'affirme. Le citoyen Duportal n'écrivait-il pas en 1871 :

« En passant de la République provisoire à la conserva-
« trice, nous irons de la conservatrice à la modérée, de la
« modérée à l'une et indivisible, et de celle-là à la démo-
« cratique et sociale qui est la nôtre. »

Avis au centre droit.

LA PROPOSITION MÉPLAIN.

Après le vote du 12 février qui renversait le Sénat, détruisait la Constitution Wallon, et reconstituait la majorité du 24 mai, nous pouvions nous croire débarrassés enfin des lois constitutionnelles et la conjonction des centres!

Les droites, par une tactique habile, avaient réussi à briser le cercle dans lequel ses ennemis voulaient enfermer le Maréchal; le centre droit tout entier, effrayé des exigences du parti républicain, était rentré au bercail monarchique.

On s'attendait donc à voir, dès le lendemain, la majorité

reconstituer un *ministère de droite*, et constituer les *pouvoirs personnels* dont il avait été question au 20 novembre.

Mais l'on comptait sans les intrigues des Decazes et des d'Audiffret, des Cézane et des Ricard !

Par une manœuvre que le règlement de la Chambre semblait devoir prévenir, la victoire parlementaire des monarchistes fut annulée, et le gouvernement poussé par de perfides conseillers reprit en sous-œuvre l'édifice culbuté le 12 février.

M. Méplain, au nom des différentes fractions de la droite, eut beau demander le retrait des lois constitutionnelles et présenter une proposition tendant à accorder au Maréchal le droit de *veto* et celui de dissolution : rien ne put faire revenir le gouvernement sur la détermination qu'il avait prise, de créer un Sénat avec l'appui des centres et de la gauche.

Et nous voyons aujourd'hui l'élu du 24 mai prisonnier d'une majorité qui va de M. le duc de Broglie à M. Gambetta !... Conséquence fatale d'une politique de bascule et de juste milieu !

Mais, quelle que soit la faveur dont le Maréchal couvre, à l'heure actuelle, l'organisation d'une République, la droite tout entière, depuis MM. Lucien Brun et de Franclieu jusqu'à MM. de Kerdrel et Depeyre, persistera à combattre le Septennat transformé en République. La droite avait fait la prorogation pour empêcher les républicains d'arriver au pouvoir : elle reviendra à la charge, et tentera les derniers efforts pour rendre au Septennat son véritable caractère.

M. Méplain l'a dit excellemment dans une lettre qu'il vient d'adresser à M. Bocher :

« Ce qu'on veut organiser et fortifier, c'est une Républi-
« que définitive. Que les efforts de nos collègues républicains,
« étrangers au vote du 24 mai, tendent à ce but, je le com-
« prends, et je dis même qu'ils sont dans leur droit. Mais
« que ceux qui firent le 20 novembre parce que c'était pour
« eux un moyen d'affirmer et de sauver le principe de la

« Monarchie constitutionnelle qu'ils avaient tenté de restau-
« rer quelques jours auparavant; que les mêmes hommes
« politiques s'efforcent aujourd'hui, par l'adoption de l'a-
« mendement Wallon, et sa combinaison avec le Sénat, d'in-
« troduire à titre définitif la République dans le Septennat,
« c'est une politique qu'il m'est impossible de comprendre
« et à laquelle je ne me rallierai pas. Pour moi, la loi du
« 20 novembre est un contrat intervenu entre tous les con-
« servateurs qui l'ont votée. La Constitution Wallon déchire
« ce contrat; à mon sens, il ne peut être résilié que du
« consentement de tous. . . . .

« Il ne m'a pas paru possible, dans l'état actuel, de cher-
« cher une autre solution que celle qui, s'appuyant sur la
« politique du 24 mai et du 20 novembre, réunirait en-
« core une fois en un faisceau unique et par là même im-
« possible à briser, les hommes qui depuis quatre ans ont
« pratiqué la politique conservatrice avec constance, avec
« énergie, et je dirai avec une ténacité qui les honore.

« Ce faisceau a pu se trouver momentanément affaibli par
« des dissentiments : notre devoir à tous est de les oublier,
« non de les faire revivre. Instituer la République définitive
« me paraît un triste moyen de rallier les conservateurs.
« L'événement dira si c'était le moyen de rassurer le pays. »

COUP D'ŒIL RÉTROSPECTIF.

LA RÉPUBLIQUE RÉVISABLE.

Depuis le 4 septembre, nous avons eu la République *provisoire* sous toute espèce d'aspects : la République du soi-disant gouvernement de la Défense nationale ;

La République du pacte de Bordeaux, avec la prétendue trêve des partis.

La République conservatrice (??), l'essai loyal (???); la République de l'ordre moral.

Nous avons aujourd'hui la République *révisable* du 24 février 1875. *Heureusement révisable !* car elle a été singulièrement bâclée ! Il n'est pas dans l'histoire exemple de Constitution élaborée de la sorte.

En quelques heures, le rapport a été lu, l'urgence déclarée, la discussion immédiatement décidée ; la loi sur les allumettes chimiques a demandé plus de temps ! Mais comme la majorité est éphémère et se compose de groupes ennemis qui se détestent, il fallait bien saisir pour le vote le moment de l'embrassement.

Tout, d'ailleurs, dans cette discussion a été singulier, la conduite des débats, comme l'attitude des coalisés. Par une fausse interprétation du règlement, le président de l'Assemblée avait remis en discussion la loi sur le Sénat, qui ne pouvait être reprise qu'au bout de six mois ; il s'est chargé ensuite d'étouffer la discussion.

Les députés de la droite avaient beau proposer le combat : immobiles et muets, les républicains et les transfuges du centre droit laissaient passer amendements et discours sans desserrer les lèvres ; réduits au rôle de machines à voter, ils votaient. Le mot d'ordre était silence. On savait, en effet, que le projet de la loi ne supportait ni examen ni discussion ; mais d'un côté, il y avait parti pris d'adopter un Sénat que l'on réprouve pour avoir la République ; de l'autre côté, parti pris de voter la République que l'on déteste pour avoir un Sénat.

Républicains et orléanistes ont piétiné avec cynisme sur ce qu'ils faisaient métier d'adorer. Jamais le mépris des doctrines et le trafic des consciences ne s'étaient pareillement accusés.

Les républicains ne reconnaissent pas le pouvoir constituant de l'Assemblée, et tout à coup ils l'acceptent ; et non-seulement l'acceptent pour le présent, mais encore le prolongent dans l'avenir, en accordant aux députés la faculté de nommer les sénateurs !

Ils se disent adeptes de la souveraineté du peuple, et refusent d'en inscrire le principe en tête de la Constitution !

Ils se disent défenseurs de la liberté électorale, et trouvent bon que le maire nommé par le Gouvernement puisse être délégué du conseil municipal et vote sous l'œil du préfet !

Ils sont démocrates, et votent une indemnité aux sénateurs !

Les orléanistes, eux, refusent aux Conseils municipaux le droit de nommer le maire, et leur accordent celui de nommer les sénateurs !

Ils veulent leur interdire la politique, et les investissent des plus hautes attributions politiques ! etc., etc. Mais, heureusement, nous le répétons, la République votée le 24 février est *révisable*, c'est-à-dire qu'à tout moment la Constitution peut être modifiée.

C'est ce que le *Soir* exprime en ces termes :

« La République étant le gouvernement légal du pays, nul « ne peut, désormais, la combattre sans violer la loi ; mais « la République étant révisable, il est permis à tout monar- « chiste de se préparer à une modification éventuelle du « régime qui nous régit. »

C'est ce que dit d'autre part la *Gazette de France :*

« Voici la cinquième loi sur l'organisation des pouvoirs « publics que l'Assemblée vient de voter. Sera-ce la der- « nière ? nous espérons que non. L'Assemblée n'a pas plus, « cette fois que les autres fois, déclaré qu'elle avait épuisé « son pouvoir constituant. Elle ne peut évidemment déclarer « qu'elle n'a épuisé son mandat qu'en se dissolvant. Mais « comme l'Assemblée n'a pas le désir de se séparer, il y « a toujours espoir qu'on améliorera la dernière œuvre « constitutionnelle. »

Et plus loin :

« L'Assemblée a fait cinq lois pour réglementer les pou-

« voirs publics ; elle en fera une sixième avant de se sépa-
« rer, n'en doutons pas, et si, à droite, on veut se montrer
« habile, rester ami, cette sixième loi pourra être la bonne,
« la vraie, celle qui assurera un avenir à la France. »

Espérons-le !

LA RÉVISION.

Nous avons dit, l'autre jour, que l'Assemblée n'avait pas épuisé son pouvoir constituant, qu'elle restait maîtresse d'en user, et qu'entre la République *révisable* et la République *provisoire*, il n'y avait guère de différence.

A l'appui de notre thèse, nous citions le *Soir* et la *Gazette de France.*

Nous mettrons aujourd'hui, sous les yeux du lecteur, les paroles de MM. les ducs de Broglie et d'Audiffret-Pasquier.

Dans un entre-filet du *Moniteur*, l'ancien vice-président du Conseil s'exprime ainsi :

« L'union s'est faite entre une partie du centre droit et le
« centre gauche pour organiser le Gouvernement sous l'éti-
« quette d'une République *révisable à tout moment, et qui*
« *n'engage, par conséquent, aucune conscience pour un avenir*
« *indéfini....* »

De son côté, M. le duc Pasquier insère dans le *Times* une longue justification où on lit :

« La République reste ce qu'elle est déjà, la condition
« légale du pays. Mais la souveraineté nationale peut
« toujours *modifier cet état de choses. L'avenir n'est point en-*

« *gagé*, et nos cœurs peuvent continuer à nourrir l'espoir de « voir nos vœux réalisés. »

Ces aveux sont bons à retenir. C'est la reconnaissance formelle faite par les fondateurs mêmes de la République, que rien n'est défini, que les partis ne sont tenus qu'au respect de certaines formalités légales, mais qu'ils peuvent travailler librement à faire aboutir leurs espérances.

D'ailleurs, les républicains ne sont guère plus satisfaits que les transfuges du centre droit, et, eux aussi, comptent sur la révision pour compléter leur œuvre.

M. Jules Ferry juge ainsi le Sénat :

« C'est un Sénat plein d'inconnus, une combinaison qui « ne supporterait pas la lumière d'une discussion publique « et serrée.... »

Et les *Débats* osent écrire :

« Et sans doute le Sénat Wallon ne répond à aucun prin- « cipe politique, il n'est conforme à aucune doctrine consti- « tutionnelle. C'est une œuvre pleine d'imperfections : rien « de plus évident. Mais les circonstances nous l'imposent. « Elles passeront ces malheureuses circonstances ! Il viendra « un moment où nous pourrons revenir sur notre œuvre « pour corriger les défauts. »

On voit quel faible enthousiasme inspire aux républicains la nouvelle construction : la République Wallon n'est pas celle qu'ils avaient rêvée, et une révision dans le sens de la démocratie peut seule réaliser leurs désirs.

Mais c'est aux conservateurs à déjouer ce plan : ce sont eux qui doivent profiter de la révision, s'ils savent s'unir et manœuvrer habilement.

UN JEU DE DUPES.

« Est-ce donc notre faute si on n'a pu faire mieux? Il était « évident que nous avions à choisir non pas entre la Monar- « chie et la République, non entre tel ou tel septennat et la « Constitution mi-républicaine, mi-monarchique de M. Wal- « lon, mais entre cette Constitution et une négation. Or, « cette négation, c'était la dissolution immédiate....

« Nous pouvons accepter l'organisation de la République « si elle nous apporte des garanties sérieuses; nous ne pou- « vons accepter la nouvelle majorité qu'on essaye d'en faire « sortir. Nous opposons à cette *prétendue* majorité de gauche, « *combinaison passagère*, l'unique majorité de gouvernement « que contienne cette Assemblée, majorité de défense sociale « contre le radicalisme. Qu'on le sache bien à droite, si nous « laissons la gauche mettre *un mot* dans cette organisation, « nous entendons bien, nous, y mettre *nos idées.* »

Ainsi parlait le *Français*, journal de M. le duc de Broglie, le 26 février.

« Le centre droit a fait des concessions qu'il est le pre- « mier à regretter. Il aurait préféré une autre Constitution, « et surtout il aurait préféré que la Constitution fût faite par « une autre majorité. Mais le centre droit a obtenu la res- « ponsabilité ministérielle, les deux Chambres, le droit de « dissolution, le droit de révision enfin. Est-ce rien cela? »

Ainsi s'exprimait le *Journal de Paris*, organe de l'orléanisme, après la séance du 25 février.

Les quatre-vingt-huit transfuges du centre droit, sentant le besoin de se justifier, dévoilaient leur plan : Nous votons la République avec les gauches, mais nous gouvernerons ensuite avec les droites ; les républicains nous étaient utiles pour avoir un Sénat, nous nous sommes provisoirement alliés à eux ; aujourd'hui que le Sénat est voté, nous revenons à vous, conservateurs !

Nous avions eu peu de confiance dans le succès de cette stratégie : ce qui se passe à l'heure actuelle prouve que nos craintes étaient fondées. Ce jeu de dupes n'a pas réussi aux habiles du centre droit, et ce sont eux qui sont joués par les républicains !

Ceux-ci entendent profiter de la situation et jouir de leur triomphe. Ils veulent faire prisonnier le Gouvernement et le mener où il refuse d'aller. C'est par eux que le Sénat sera nommé, c'est sous leur inspiration que les lois devront être discutées, c'est sous la pression de leur ministère que les élections devront être faites. Et si le Gouvernement découragé laisse la besogne à quelque autre, M. Thiers se tient là tout prêt à la continuer !

Voilà où nous a conduits l'aveuglement de ces sceptiques, qui, ayant jugé impraticable avec M. Thiers la République conservatrice, la croyaient possible avec eux.

Si on en était revenu à la loi du 20 novembre, si on avait accepté la proposition Méplain, qui donnait au Maréchal tout ce qu'on lui avait promis et tout ce dont il avait besoin pour maintenir l'ordre, la majorité conservatrice ne se serait pas brisée, et nous ne verrions pas aujourd'hui se manifester les exigences hautaines du parti radical.

LE MINISTÈRE ET SON PROGRAMME.

Le *Courrier* écrit les lignes suivantes, spécialement recommandées aux amateurs de jolis mots :

« Il vous plairait de laisser croire que l'acte du 25 février

« a constitué le droit à la conspiration permanente. C'est « une prétention sur laquelle nous pensons, vont vous édi- « fier le programme du nouveau cabinet, et l'épreuve des « prochaines élections. Ah! vous n'êtes plus *conservateurs* au- « jourd'hui, *les conserves n'étant plus à votre goût.* » (??!!)

Eh bien! le programme du nouveau cabinet a paru, et il nous édifie complétement, en effet, sur.... les illusions des républicains en général, et du *Courrier* en particulier.

Un ministère, dont fait partie M. le vicomte de Meaux, qui a voté *contre la République*, ne devait nullement nous déplaire. La note de l'*Officiel* du 25 février avait dit : « Le nouveau « cabinet est *fermement résolu à maintenir les principes conser- « vateurs.* » Dans les circonstances actuelles, nous ne pouvions, en vérité, désirer mieux.

Qu'était-ce, en effet, que l'exclusion des gauches et l'entrée de M. de Meaux au sein du cabinet, sinon l'anéantissement de la majorité wallonienne et la mort de la politique du 25 février?

La déclaration du Gouvernement est venue nous donner raison. L'influence de MM. Dufaure et Léon Say n'a pu résister à celle de MM. Buffet et de Meaux; et la politique qui va être appliquée sera, on nous l'assure, « *très-nettement conservatrice* ». Au 24 mai, c'était « *résolûment* »; il n'y a guère qu'un adverbe de changé.

Ce fameux programme sur lequel comptait si bien le *Courrier* pour nous confondre, ne renferme pas une seule fois le mot République : c'est témoigner, il en conviendra, peu de respect pour les institutions républicaines et *définitives* votées le 25 février!

Mais, en place, tout ce qui pouvait choquer le parti républicain, y est carrément affirmé :

Maintien du personnel administratif.

Maintien de l'état de siége.

Maintien de la loi sur les maires.

Désir de reconstituer la majorité conservatrice.

Refus de favoriser la dissolution.

En un mot, rien n'est changé dans les principes du Gouvernement. On a seulement fixé par un clou, dit fort bien *Paris-Journal*, et encore un clou très-superficiellement enfoncé, grâce à la clause de RÉVISION, l'étiquette républicaine qui ne tenait jusque-là que par un simple pain à cacheter.

LES HOMMES DU 4 SEPTEMBRE JUGÉS PAR EUX-MÊMES.

Certaines dépêches officielles envoyées au gouvernement de la soi-disant Défense nationale ont une saveur toute particulière. Elles méritent d'être connues. C'est une lecture à la fois instructive et amusante.

Les protestations de dévouement et surtout les demandes de places abondent dans ce dossier.

Que penser par exemple, dit le *Figaro*, de ce télégramme plaintif et doux de M. Théodore Raynal? Ce monsieur arrive d'Espagne à la nouvelle du 4 septembre et télégraphie à son ami M. Gambetta qu'il se « mettait à sa disposition ».

Cela voulait dire : Nommez-moi préfet de l'Aude, — l'Aude étant le département qui a donné le jour à M. Raynal.

« *A Léon Gambetta*, *Paris.*

« Ami, soupire tendrement M. Raynal, vous avez songé à
« mes collègues et je suis oublié; dois-je venir à Paris ou
« attendre ici? Votre tâche est rude, il vous faut des hommes
« éprouvés. « Théodore RAYNAL. »

Prenons ensuite les dépêches émanant du préfet qui s'était installé à Nantes, le docteur Guépin, mort aujourd'hui.

Dès le 8, il éprouve le besoin bien naturel de caser sa famille et jette son dévolu sur le Morbihan.

« Si vous avez un homme, envoyez-le de suite; si l'homme « vous manque, je déciderai mon gendre à accepter provisoi- « rement la préfecture ou à se faire le conseil d'un nouveau « préfet. »

Mais le père pourrait être jaloux du fils. Il faut le placer. Que sera-t-il? Dieu, table ou cuvette? N'importe, placez toujours.

« Vous faut-il homme très-énergique, distingué, bon à « l'administration, bon à la guerre, ardent patriote, sûr ré- « publicain? le voici : Auguste Lucas de Peslouan, proprié- « taire, en ce moment chez préfet de Nantes, quarante- « quatre ans, désirant servir République, — mais seulement « pendant le danger. « GUÉPIN. »

Mais voici où la chose devient ultra-comique :

« Toutes les deux nuits, je fais *seul patrouille* à Nantes par « moi-même. »

Cette patrouille individuelle tombera certainement un de ces jours dans le domaine de l'opérette. D'ailleurs, feu Guépin était plutôt un jobard qu'un méchant homme, ainsi que le démontrera la dépêche ci-dessous, datée du 11 octobre 1870 :

« Suis sur traces de voitures mystérieuses n'allant que de « nuit. — L'on dit poudres, l'on dit armes, l'on dit conspi- « rateurs, l'on dit Henri V. — Connais parcours. — Sous « pieds des chevaux caoutchouc. « GUÉPIN. »

Et voilà ce qu'on appelait le souffle de 1792!

Puis c'est M. Marc Dufraisse qui demande à quitter la préfecture de Nice, et le citoyen Engelhard qui demande à y entrer :

« Je rappelle à votre souvenir que je souhaite toujours le

« poste diplomatique de Berne, que vous m'auriez réservé.
« Je préfère cette mission à la préfecture de Nice.

« MARC DUFRAISSE. »

Dès qu'on apprend que la préfecture pourrait devenir vacante, les postulants s'agitent. M. Engelhard, qui adore sans doute le climat du Midi, prend les devants :

« Extrême urgence. — Préfecture Nice vacante, accepterais
« volontiers. « ENGELHARD. »

Nous avons laissé le bon Guépin en proie aux visions les plus étranges, rêvant de conspirations royalistes, de voitures mystérieuses, de caoutchouc sous les pieds des chevaux, etc.... Le bon Guépin continue à donner des preuves d'hallucination; 1re preuve :

« *Guépin à Intérieur, Paris.*

« Difficultés augmentent, réaction napoléonienne s'or-
« ganise, grande ma défiance. Avant-hier, dans ronde de
« nuit, j'étais seul, *vu d'abord fusée bleue, puis jeu de lu-*
« *mières.* »

2e preuve :

« *Préfet à Intérieur.*

« Attends réponse pour coq à la hampe du drapeau des
« mobilisés. — GUÉPIN. »

Ainsi, pendant que 200 000 Allemands envahissaient le territoire, feu Guépin s'adressait cette question : Est-ce le coq gaulois ou le bonnet phrygien qui doit surmonter le drapeau ? O Guépin !

Guépin devient belliqueux et laisse comprendre que la paix serait la mort de la République et celle des républicains : d'où, la continuation de la guerre. Aveu instructif !

« On veut mort de République par paix honteuse et mort
« des républicains. — Masse bien disposée partout. — Par-

« tout meneurs réactionnaires, vraie pourriture. — Il faut « action habile, mais énergique et incessante. — GUÉPIN. »

Voici maintenant une dépêche en style.... familier du citoyen Delpech, préfet de Marseille :

« Mon cher Laurier, est-ce vous qui avez nommé Giraud-« Cabasse sous-préfet d'Aix ? Je crains bien qu'Esquiros ne « se soit laissé *paunéantir* en vous demandant cette nomi-« nation qui n'est pas heureuse. Il aurait fallu envoyer un « *bon bougre*, et le titulaire n'en est pas un.... »

Finissons cette revue par un télégramme du fameux Duportal. C'est un aimable spécimen de politique libérale :

« Toulouse.

« *Préfet à Gambetta. Bordeaux.*

« Affirmez fortement votre dictature. La France est « *affo-« lée d'obéissance et d'asservissement.* »

« Mettez la République et ses serviteurs à l'abri des ca-« lomnies des journaux monarchiques, et la République « triomphera.

« Décrétez l'obéissance absolue à vos ordres, et vous au-« rez décrété la victoire ; car nous contraindrons nos mo-« bilisés réfractaires à être des héros. »

Et voilà les hommes qui ont gouverné la France du 4 septembre 1870 au 8 février 1871.

LES HOMMES DU 4 SEPTEMBRE JUGÉS PAR EUX-MÊMES.

(SUITE.)

Le dépouillement des dossiers du 4 Septembre continue à fournir les éléments d'une douce gaieté. Ainsi, rien d'amusant comme les ennuis du citoyen Jules Philippe et la fureur du citoyen Jousserandot.

Le 5 septembre, M. Philippe passe à Annecy, trouve la préfecture à son gré, s'y installe et télégraphie :

« Annecy, 7 septembre.

« *Préfet à Intérieur.*

« Je suis à mon poste depuis ce matin et prêt à donner « mon concours au gouvernement. — JULES PHILIPPE. »

Sur ces entrefaites, le gouvernement a nommé un autre préfet, M. Jousserandot, qui vient troubler la joie de M. Philippe; aussi réclame-t-il avec la juste indignation d'un premier occupant :

« .... Que peut signifier ce double emploi, qui ne peut « manquer de produire un fâcheux effet sur la population « du département ? J'ai fonctionné depuis trois jours et, je « puis le dire, *avec les sympathies* de tous.

« JULES PHILIPPE. »

De son côté, M. Jousserandot, préfet n° 2, télégraphie :

« Annecy, 10 septembre.

« *Préfet à Intérieur.*

« Je vous confirme ma dépêche de cette nuit par laquelle « j'annonce que j'ai trouvé installé comme préfet M. Jules « Philippe, qui était, il y a quelques années, inspecteur des « enfants trouvés dans ce département. Je vous prie de con- « firmer ma nomination. C'est urgent. Depuis le 4 on ne « s'est occupé que du côté théâtrale de la République ; mais « on ne paraît pas songer à la défense nationale. . . . . . .

« JOUSSERANDOT. »

L'illustre Jousserandot triompha et le pauvre citoyen Philippe dut quitter cette préfecture qu'il avait tant aimée !

Autre fait qui prouve clairement que la fraternité républicaine n'est pas un vain mot.

Le 15 octobre, M, Marc-Dufraisse est nommé commissaire général dans les Alpes-Maritimes. Il y trouve comme préfet un certain Blache qui le gêne et qu'il veut écarter à tout prix. Mais où le placer? M. Dufraisse demande successivement pour Blache les fonctions les plus diverses.

Il songe d'abord à solliciter une mission diplomatique, et télégraphie à Gambetta :

« Envoyez Blache pour s'éclairer à Florence, auprès de Sé-
« nard, sur les menées du gouvernement italien à Nice. »

M. Blache n'est pas envoyé à Florence ; M. Dufraisse se retourne alors vers « *son vieil ami* » Crémieux :

« Vieil ami, il me faut d'urgence un siége de procureur
« général dans une petit Cour, ou tout au moins de premier
« avocat général dans une Cour d'un ordre plus élevé.
« Chambéry conviendrait admirablement. Avez-vous une
« vacance? Si non, faites-en une à l'aide de remaniement. »

Le « *vieil ami* » paraissant peu empressé à faire cette nomination, l'infortuné Dufraisse s'adresse cette fois à Laurier, et demande la préfecture des Basses-Alpes :

« Commissaire général préfet à Laurier, Tours. — Chif-
« frée. — Urgent. — Je reçois à l'instant une dépêche de
« Gent, qui me prie de me joindre à lui afin d'obtenir de
« Gambetta que Blache soit envoyé dans les Basses-Alpes.
« Il sera mieux à la tête d'un département que d'un par-
« quet. »

Les jours se passent et la nomination n'arrive pas. M. Dufraisse se désole. M. Blache s'impatiente :

« Commissaire général préfet à Laurier. — Je vous ai
« demandé un siége d'avocat général pour Blache. Il préfére-
« rait le poste de commissaire des guerres au camp des Al-

« pines. Faites faire l'une ou l'autre de ces nominations. Le « Var serait à vous sans cela ; mais Blache a droit à cet « équivalent.

« DUFRAISSE. »

Cette fois, M. Dufraisse est bel et bien débarrassé de ce personnage gênant. Mais il lui a fallu dépenser de l'encre, et demander tour à tour, pour l'avocat Blache, les places de diplomate, procureur général, préfet et général !

Voici, pour finir, une *perle* trouvée dans le dossier de M. Puthod, préfet de l'Ain :

« Bourg, 12 septembre.

« *Préfet à Intérieur, Paris.*

« Chadal, proposé pour conseiller secrétaire général à « Bourg, est non-seulement docteur en médecine, mais « licencié en droit et ancien élève polytechnique. *Aptitudes « diverses précieuses*, très-considéré par tous, républicain « éprouvé, caractère et sens très-droit, *connaît très-bien le « tempérament physique et moral de notre population.* Accord « complet entre Chadal et moi, et vous. Réponse urgente « attendue. »

Voyez-vous d'ici ce secrétaire général, qui, entre autres aptitudes précieuses, connaît très-bien le tempérament physique de la population... !

Une dépêche du citoyen Babaud-Larivière, préfet d'Angoulême, pour faire pendant à celle du citoyen Guépin :

« Angoulême, 7 septembre.

« Les effets d'habillement de la garde mobile fournis jus- « qu'à ce jour *portent des boutons marqués d'un aigle.* J'ai fait « suspendre la fourniture et je vous prie de me dire d'ur- « gence quelle est l'empreinte qui doit être adoptée.

« BABAUB-LARIVIÈRE. »

M. Guépin, pendant l'invasion, se demandait s'il fallait un

coq gaulois ou un bonnet phrygien pour le drapeau ; M. Babaud s'occupe, lui, de boutons de tunique !

Voulez-vous savoir maintenant ce qui peut arriver dans les « *salons préfectoraux* » en République?

Lisez cette dépêche de M. Thourel, procureur général de Marseille :

« Hier soir, à la suite d'un acte arbitraire commis par un « garde civique chez les religieuses, d'où il a apporté de l'or « dont on l'a accusé avoir détourné quelque chose, rixe « grave salons préfectoraux, baïonnette croisée sur Klinger « dont avais demandé révocation. — Lui a tiré un coup de « revolver frisant la tempe de Baume, secrétaire général ; « autre coup de fusil tiré. Naquet menacé saute par croisée. « — Klingler arrêté. — Boucher, substitut, commis pour « instruire. »

Le tableau est à encadrer, et la croisée de Naquet restera dans l'histoire à côté du vasistas de Ledru-Rollin.

Citons encore une fois M. Dufraisse avec lequel nous avons fait déjà ample connaissance. M. Dufraisse, en colère, gratifie ses adversaires des épithètes les moins douces.

« *Nice. Préfet à Intérieur et Justice. Tours.* — Chiffrée. — « M. P..., ivrogne, qui sous couleur de républicanisme révo« lutionnaire m'a indignement attaqué dans le journal dont « il quitte la rédaction, part, me dit-on, pour Bordeaux, afin « de demander au Gouvernement ma révocation. Je vous « préviens de la visite de ce drôle, pour que vous le rece« viez comme il le mérite. »

Ce pauvre M. P.. ! ! !

Le citoyen Massicault, ancien rédacteur de la *Gironde*, de la *Charente* et de l'*Avenir de la Vienne*, actuellement l'honneur de la *Presse*, dont il est le rédacteur en chef, florissait comme préfet pendant la dictature de Gambetta.

C'était un préfet à émotions faciles. « *L'âme émue* », le

citoyen préfet expose un programme qui, aujourd'hui, fait rêver.

« Limoges. *Préfet à Intérieur, Tours.* — L'âme émue et ré-
« confortée..., je vous rends compte d'une manifestation
« enthousiaste que la population tout entière de Limoges
« vient de faire pour acclamer la République, la Défense
« nationale et le programme de lutte à outrance tracé par la
« circulaire du Gouvernement.
« La manifestation a été admirable de calme et d'énergie;
« elle a chargé le préfet de demander au Gouvernement les
« mesures les plus vigoureuses qu'il serait possible de pren-
« dre; elle a acclamé la levée en masse sans distinction de
« conditions sociales, — la prédominance absolue de l'élé-
« ment civil sur l'élément militaire, — l'institution de jeunes
« chefs.
« Elle adjure le Gouvernement d'être vigilant et implacable
« pour les traîtres et les incapables.
« En terminant la dépêche, que je vais compléter par un
« rapport écrit, j'ai le droit d'ajouter aux cris de : Vive la
« France! et Vive la République! ceux de Vive la ville de
« Limoges! Vive le département de la Haute-Vienne! Que
« partout se montre le même élan, et la France est sauvée!
« MASSICAULT. »

Voici une assez jolie dépêche de M. Crémieux « *à ses chers* « *amis* » du Gouvernement de Paris. M. Crémieux qui jusqu'au 28 novembre avait « *fauché six cents juges de paix* » et « *ré-* « *publicainement organisé tous les parquets* », trouve qu'il n'agit pas assez, et écrit le 23 décembre :

« Au nom de Dieu, donnez-moi tous trois la permission
« d'agir.
« A Bordeaux, la nouvelle Faculté à instituer, les deman-
« des de jour et de nuit; à Toulouse, un recteur à nommer,
« et moi impassible! immobile!
« ... Mes chers amis, vous êtes des héros à Paris, que

« vous délivrerez, et vous vivez au milieu d'une population « merveilleuse, qui n'a qu'un mot d'ordre : chasser les Prus- « siens. Nous avons ici deux mots d'ordre : l'armée de la Loire « à soigner pour vous aider, et les réactionnaires à dépos- « séder pour sauver la République. Amitiés dévouées. » Autre jolie pièce.... nettement républicaine.

« STEENACKERS *à M. Gambetta, Bourges.* — ....Ici rien de nou- « veau ; *on s'embête atrocement*, et moi tout le premier, de ne « pas vous voir... J'ai vu deux des Parques aujourd'hui. Elles « sont un peu altérées par les journaux, dont les aboiements « deviennent de plus en plus forts. Plus de bruit que de mal, « soyez-en sûr. A vous de cœur. »

Mais M. Gambetta ne veut pas que son ami Steenackers « *s'embête atrocement* » ; il lui écrit :

« ... Les choses se réparent ici à vue d'œil, et d'ici à quel- « ques jours vous entendrez parler de nous. *Cigares exquis.* « Soyez toujours *gais* et de bonne disposition. Salut et fra- « ternité à vous, au préfet et à tout le monde. »

Ceci se passait alors que la France était envahie et pillée. Nos mobiles mouraient, et M. Gambetta recommandait la gaieté !...

LES HOMMES DU 4 SEPTEMBRE JUGÉS PAR EUX-MÊMES.

(SUITE.)

Suivant un républicain honnête, mais utopiste, Alphonse Karr, le 4 septembre a été « la plus ridicule, la plus triste, la plus grotesque, la plus effrayante, la plus cocasse, la plus insolente, la plus sinistre des fàrces que jamais des histrions payés par une nation aient osé jouer devant elle. » Jusqu'à présent, nous ne nous sommes occupé que des bouffonneries républicaines, mais à côté de la comédie il y a, en effet, le drame qu'il ne faut pas négliger.

Commençons par quelques dépêches expédiées de Marseille :

« 5 *septembre.* — *Au citoyen Jules Favre.* — Marseille est dans « un désordre absolu qui peut devenir périlleux cette nuit « même. La lie monte. On délivre des fusils par brassées, « jusqu'à des filles publiques.... *Émile Thomas.* »

« 5 *septembre.* — *J'ai révoqué* général d'Aurelles de Paladines « *et nommé* le sous-intendant Brissy commandant de la place... « *A. Labadié.* »

« 7 *septembre.* — *J'ai révoqué* de ses fonctions de procureur « impérial à Marseille M. Crépon, *et nommé*, en son lieu et « place, le citoyen Maurel Jules, avocat. Veuillez *en donner* « *avis* au citoyen ministre de la justice. *A. Labadié.* »

« *Aix, le* 23 *septembre* 1870, 6 *h.* 10 *soir.* — *Procureur général à Crémieux, Tours.* — Hommes armés envoyés par Esquiros arracher les juges de leur tribunal les ont saisis et « amenés à la préfecture où il les a sommés de remettre leur « démission avant ce soir, ou qu'il ne répondait de rien leur « disant qu'ils étaient les auteurs de la guerre civile, et que « leur maintien était une honte. — Le barreau a envoyé une « députation à la préfecture. J'y serai demain à la première « heure. Cet état est-il tenable? *Thourel.* »

« 29 *septembre.* — *Procureur général à Crémieux.* — Esquiros « vient de suspendre les audiences à Tarascon. — A Marseille, « la position est très-tendue; hier, un conflit sanglant a failli « s'engager entre la garde civique et la garde nationale. Le « parquet de Marseille est désorganisé.... *Thourel.* »

« 17 *octobre.* — *Leroux à Delpech, Tours.* — Avons juré tous « de brûler la ville plutôt que de laisser partir Esquiros. »

« *Marseille*, 30 *octobre.* — *Préfet à Intérieur.* — Ordonnez de « saisir dans les succursales de la Banque tous les fonds « qu'elles ont. Si nous ne prenons quelques mesures extra- « légales, le peuple nous débordera, *et il aura raison.* »

« 31 *octobre*, 1 *h.* 25. — *Général Marie à Intérieur.* — Les « choses vont mal; je défends la mairie même à coups de fu- « sil. Delpech et Esquiros ont donné publiquement leur dé- « mission. »

« 31 *octobre*, 3 *h.* 50. — Cela va beaucoup plus mal. Je fais « battre le rappel. On a occupé la mairie. Je délogerai la « Commission révolutionnaire par la force. Esquiros et Del- « pech semblent abandonner leurs postes.... »

Il se passait, on le voit, de jolies choses à Marseille ! Tantôt c'était M. Labadié qui révoquait généraux et magistrats, et les remplaçait de sa propre autorité; tantôt c'était M. Esquiros qui arrachait les juges du tribunal et suspendait les audiences. Un jour on saisissait les fonds de la Banque; un autre jour on arrêtait les jésuites et on les expulsait, comme l'apprennent les deux dépêches suivantes :

« *Administrateur supérieur à Justice, Paris.*

« *Mon cher Crémieux, le Père Tessier*, jésuite, été arrêté avant « mon arrivée à Marseille; c'est la foule indignée qui s'est « saisie de sa personne; il avait organisé à Marseille la réac- « tion du 2 décembre. »

« *Procureur général à Crémieux, Tours.*

« Urgence extrême. — Avis sur jésuites Aix, qui seraient « expulsés demain matin ou les objets de manifestations fâ- « cheuses que j'ai empêchées déjà plusieurs fois. — *Thourel.* »

Une dépêche du préfet de Limoges :

« Limoges, 8 septembre 1870.

« *Préfet à Intérieur, Paris.* — Dites-moi quel jour je rece-
« vrai des fusils ; la population ouvrière s'impatiente ; de-
« mande une réponse positive à cet égard. »

On sait à quoi devaient servir les fusils si instamment réclamés pour la population ouvrière. Ils devaient servir à tuer le colonel Billot, dans les désordres qui eurent lieu à Limoges au moment de la Commune.

Nous avons vu le préfet de Toulouse, l'illustre Duportal, *affirmer fortement sa dictature* sous le prétexte que la France était *affolée d'obéissance et d'asservissement.*

Voici encore quelques jolis exemples de préfets à poigne :

« Rodez, 8 septembre 1870.

« *Préfet à Intérieur, Paris.*

« Impossible de consolider la République et d'organiser vi-
« goureusement la défense nationale sans pleins pouvoirs au
« préfet pour dissoudre les Conseils municipaux, destituer les
« municipalités et les juges de paix. — Oustry. »

« Limoges, 12 septembre 1870.

« A. G. — *Préfet à Intérieur, Paris.*

« Je ne saurais me conformer à vos instructions d'hier. —
« Je vous demande au contraire pleins pouvoirs pour révo-
« quer, changer et maintenir les maires. — J'insiste de plus
« pour que le ministre de la justice accorde la destitution des
« juges de paix que je vous signalerai.

« Opinion publique exige des révocations immédiates pour
« certains de ces fonctionnaires. — Si vous hésitez, avant
« huit jours je ne serai plus maître de la situation. Réponse
« immédiate. — Georges Périn. »

Ils n'y allaient pas de main morte, les citoyens Oustry et Georges Périn !

Le préfet de l'Ardèche, lui, avait certains scrupules, paraît-il. Mais son secrétaire général juge que sans préfets *à poigne*, la République est *enfoncée*.

« PRIVAS, 30 janvier 1871. — *Secrétaire général à Ranc, directeur sûreté publique. — Bordeaux — Chiffrée.* — Mon préfet République agir avec vigueur dans les élections; *il y a un scrupule de conscience*, envoyez-lui donc d'urgence des instructions vigoureuses. SI PRÉFET N'EST PAS A POIGNE, LES RÉPUBLICAINS SERONT CERTAINEMENT ENFONCÉS. — Roche. »

Du reste, c'était bien l'avis de M. Gambetta. Dans presque toutes ses dépêches, Gambetta excite ses préfets à *ne reculer devant aucune mesure*, leur promettant que *tout ce qu'ils feront, sera l'objet de son approbation sans réserve.*

« *Circulaire de* M. GAMBETTA *aux préfets.*

« .... Je vous autorise de nouveau à révoquer tous maires qui ne sont pas décidés à vous seconder ou qui seraient trop compromis devant l'opinion. Constituez aussi, partout où besoin sera, des municipalités provisoires capables de vous soutenir dans l'œuvre de la défense nationale et prêtes à aller à l'affranchissement du suffrage universel dans les doubles élections qui se préparent.... »

M. GAMBETTA *au préfet de la Loire.*

« .... En ce qui concerne les menées jésuitiques dont vous me parlez, je vous recommande de surveiller bien exactement les manœuvres du parti monarchique. Je suis décidé à résister avec une extrême vigueur à tous les empiétements directs ou *détournés* sur les droits de la République. *Tout ce que vous ferez pour m'aider dans cette tâche est, dès à présent, l'objet de mon approbation sans réserve....* »

M. Gambetta entendait la liberté de la presse et la liberté individuelle d'une singulière façon. On se rappelle que le préfet Enghelard avait suspendu le journal de l'honorable M. de Cumont, *l'Union de l'Ouest*. Cet acte de rigueur ne suffit pas à M. Gambetta :

M. GAMBETTA *au préfet de Maine-et-Loire*.

« Vous dites que l'opinion est avec vous. Je le crois. Elle « est partout avec nous. Raison de plus pour ne faiblir. Sé- « vissez contre le *Maine-et-Loire* s'il suit les traces de l'*Union*. « Si l'*Union* cherche à reparaître sous un autre nom, vous « ne pourrez vous y opposer, mais veillez et frappez si la « nouvelle feuille suit les errements de l'ancienne. Quant à « M. de Cumont, s'il trouble la paix publique, *assurez-vous de « sa personne*, comme je vous l'ai déjà dit. »

D'ailleurs le préfet de Maine-et-Loire semble être un peu mou. M. Gambetta lui écrit :

« Non, non, je le répète, jamais je ne me serais attendu à la « dépêche stupéfiante que je viens de lire avec votre signa- « ture. Pour moi, qui suis habitué à prendre hautement la « responsabilité de mes actes, je vous ordonne, à vous et « aux fonctionnaires républicains qui vous entourent.... de « faire respecter la République et son gouvernement. *Ne re- « culez devant aucune mesure*. Vous êtes autorisé à vous as- « surer immédiatement de la personne de tous ceux qui « tenteraient de résister à l'arrêté qui a été pris. Un autre « journal, me dites-vous, a publié un article aussi coupable « que le premier. Prenez à son égard et avec quelque ini- « tiative les mesures que la situation commande. Les mem- « bres de l'ancien conseil font mine de vouloir résister : « *dispersez-les*. Qu'avez-vous à attendre pour faire toutes ces « choses ? De quelle utilité m'est donc votre concours ? »

M. Gambetta, lui, *ne recule devant aucune mesure*, ainsi que le montre la dépêche suivante adressée à M. de Freycinet :

« Je lis avec stupeur votre dépêche sur les finances....

« J'écris au Gouvernement pour le mettre en demeure, ou je « fais un éclat. Allez, de ma part, trouver M. Crémieux. *Nous « déposséderons, s'il le faut,* la Banque de France, et nous « marcherons sur toutes ses résistances qui perdent la « France. »

Enfin, citons cet incroyable télégramme de Gambetta à Ranc, directeur de la sûreté générale. Nous le recommandons spécialement aux amis des princes qui ont voté la République :

« 27 *décembre*, 1 *h.* 53 *matin.* — Extrême urgence, confi- « dentielle et intime. — Chiffre des préfets. Demandez-le à « Steenackers et traduisez vous-même. J'ai à vous charger « d'une opération délicate et qu'il faut réussir pour le salut « de la République.

« J'ai en mains la preuve écrite de la présence à l'armée du « général Chanzy d'un personnage qu'il s'agit à tout prix « d'arrêter et de déposer en lieu *sûr*, sous garde absolument « *sûre*. Ce personnage, qui se fait appeler colonel Basterotte « et a été autorisé en dehors de moi à suivre les opérations « de l'armée, n'est autre que le *prince de Joinville*. Ce n'est « pas à vous qu'il est nécessaire d'expliquer l'importance de « cette *capture*, tant au point de vue de l'ordre public que « des ramifications criminelles qu'elle nous permettra de « découvrir et de punir. Mais il faudra procéder avec le plus « grand mystère, l'arrêter sans bruit, sans prévenir Chanzy, « *et le conduire à Belle-Isle-en-Mer*, en vertu des *pleins pouvoirs* « que je vous délègue expressément à cet effet. Pour cela, « rendez-vous au Mans avec vos agents les plus *sûrs;* aidez- « vous du préfet dévoué; faites chauffer une locomotive; « allez à Belle-Isle, et attendez mes ordres ou ma *visite*. « Vous pouvez télégraphier à Challemel, qui me transmettra « là où je serai. »

Une pièce semblable se passe de commentaires.

A peine descendu de son ballon, le citoyen Gambetta annonce à l'ami Jules Favre que l'ajournement des élections a été accueilli avec une *véritable gaieté*, et déclare qu'il n'aperçoit en province que « lâcheté, inertie, perfidie et mol« lesse. »

Lui seul est brave.... du fond de son cabinet!

M. Gambetta (de Tours) à *M. Jules Favre, à Paris.*

« En arrivant à Tours et après avoir interrogé la plupart « des préfets et étudié leurs déclarations, j'ai constaté une « *unanime désapprobation* des élections générales, dont l'ap« proche ne servait qu'à surexciter les divisions des partis. « La décision du Gouvernement de Paris a été accueillie, « sauf par le parti légitimiste, *avec une véritable gaieté*, et au« jourd'hui il ne reste plus d'autre occupation que la « guerre.

« Les campagnes sont inertes, la bourgeoisie des petites « villes est lâche, l'administration perfide ou passive, d'une « désespérante lenteur. Les généraux de division sortis du « cadre de réserve sont l'objectif d'une exaspération publi« que invincible, qu'ils ne méritent que trop par leur mol« lesse et leur impuissance. Je m'applique à leur trouver « des remplaçants... »

Cependant la « *gaieté* » n'était pas générale, ainsi que le prouve la dépêche suivante :

« Lisieux, 25 septembre 1871. — *M. Target à Glais-Bizoin, ami« ral Fourichon et Steenackers, Tours.* — La dépêche ajournant les « élections municipales et pour la Constituante paraît invrai« semblable. — Regrettée par la population, qui se préparait « aux élections pour apporter son concours à la défense na« tionale.

« Si explications nécessaires, partira pour Tours à première « invitation qui lui sera adressée. — P. Target. »

Enfin, M. Gambetta est forcé de faire procéder aux élections; mais il comprend la liberté électorale de la même façon que la liberté de la presse et la liberté individuelle:

« M. Gambetta *aux préfets et sous-préfets.*

« En exécution du décret de la Délégation de Bordeaux sur « l'inéligibilité de certains individus à l'Assemblée nationale, « vous empêcherez, en vous reportant aux listes insérées au « *Moniteur* (années 1852, 1857 et 1863, et années intermédiai- « res), dans toute l'étendue de vos départements et arron- « dissements respectifs, la publication, l'affichage et la dis- « tribution de tous bulletins, affiches, professions de foi, « circulaires, avis émanent de personnes comprises et visées « dans les articles 1 et 2 dudit décret d'inéligibilité, en date « du 31 janvier. »

Autre joli spécimen de la liberté de la presse, *Gambetta regnante:*

« M. Ranc *à M. Gambetta.*

« Je ne suis pas étonné de ce que vous dites. Le Mans, avec « une population travaillée par l'*Union de la Sarthe* et la *Sar-* « *the*, n'a pu que démoraliser l'armée. Voilà le grand danger « de la presse réactionnaire; les injures glissent sur vous et « la République les dédaigne, mais elles constituent à la lon- « gue un dissolvant dangereux.

« Il y a, je crois, à Laval, un journal de ce genre. J'estime « que vous feriez bien d'intimer au rédacteur l'ordre de sur- « seoir à toute polémique, tant que l'armée sera dans le « pays. Ces gens-là sont lâches. Il obéira.... »

« *Ces gens-là sont lâches.* » C'est le citoyen Ranc qui a écrit cela ! ! ! *Ces gens-là* se battaient et mouraient pendant que M. Ranc se chauffait tranquillement les pieds....

M. Crémieux, lui, s'attaquait à l'inamovibilité de la magistrature :

« M. Crémieux *au premier avocat général d'Agen.*

« Le décret qui exclut M. Lesueur de France de la magis-
« trature est promulgué : faites-le exécuter.
« Si M. Lesueur veut siéger, faites-lui l'injonction de se
« retirer ; s'il persiste, retirez-vous et faites retirer le greffier
« en le menaçant de révocation.
« Faites, s'il y a lieu, dresser procès-verbal et entamer
« poursuites. »

« M. Crémieux *au procureur général de Rennes.*

« J'apprends que M. Dupuy, déchu de son siége de prési-
« dent par décret du 28, a tenu l'audience et déclaré qu'on
« ne l'arracherait de son siége que par la force.
« Il faut l'assigner devant le tribunal correctionnel, et si le
« jugement n'est pas satisfaisant, appeler ; et si l'arrêt con-
« firme, aller en cassation. Il faut aussi prendre la voie lé-
« gale. »

Ces deux intéressantes dépêches rappellent celle de M. Ricard relatives à la fermeture du tribunal de la Rochelle, — le plus bel exploit du célèbre commissaire extraordinaire !

Et puisque nous parlons de M. Ricard, citons de lui ce télégramme. On y verra que M. Ricard cherchait à faire « *péné-* « *trer dans les affaires militaires l'esprit civil et civique.* » (Style de l'époque.)

« Je vous prie, je vous supplie, accordez-moi le remplace-
« ment de l'amiral Mazère, à Rochefort, que je demande vai-
« nement depuis six jours. J'indiquerai son successeur. Qu'on
« prenne si l'on veut le major général, je marcherai avec lui.
« Qu'on place à la tête de l'arsenal le chef d'escadron Macé.
« — Il le faut, sinon je n'ai plus d'autorité en face de *la*
« *réaction* et de *l'esprit militaire*. Précisez mes pouvoirs ou je
« retire ma démission, et bien que malade encore, dussé-je
« y rester, j'*enlève vos trois départements*, et je réponds de leur
« ardeur. — Ricard. »

« *L'esprit militaire!* » On sait, en effet, que de tous les combats livrés par les hommes du 4 Septembre, le plus glorieux, sans contredit, fut celui qu'ils livrèrent contre « l'esprit militaire ».

Du 4 septembre au 8 février « *l'esprit civil et civique* » triompha et domina. Un avocat transformé en ministre de la guerre, des journalistes et des apothicaires créés généraux, furent chargés de tenir tête aux armées prussiennes.

Et pendant ce temps, les généraux de l'armée, suspectés, injuriés, accusés, forcés d'obéir aux préfets, durent être sacrifiés à l'homme qui s'était vanté d'avoir « *trempé ses mains* « *dans le sang français* », au vieux reître Guizeppe Garibaldi.

« M. Gambetta (*de Lyon*) à *M. de Freycinet.*

« Je lis des dépêches relatives aux démêlés du général « Pradier avec l'état-major de Garibaldi. J'ai cependant passé « des dépêches très-concluantes. *Il ne faut à aucun prix susci-* « *ter des embarras à Garibaldi. Que peut nous faire M. Pradier,* « en ce moment-ci surtout!... »

LES HOMMES DU 4 SEPTEMBRE JUGÉS PAR EUX-MÊMES.

(SUITE.)

Le 4 septembre, on apprenait en province la défaite de Sedan; le 5, on savait que douze Parisiens s'étaient proclamés chefs du Gouvernement.

Cet exemple indiquait aux républicains des départements ce qu'ils avaient à faire: les plus actifs coururent aux préfectures, comme à Paris, MM. Gambetta, Arago et Cie avaient couru à l'hôtel de ville.

« Foix, 5 septembre 1870. — *Au citoyen ministre de l'Inté-*

« *rieur, Paris.* — Population de Foix *acclame* Anglade, administrateur provisoire du département. Préfet ne résigne « ses pouvoirs qu'après approbation du ministre. — Anglade. »

« Foix, 5 septembre 1870. — *Au citoyen ministre de l'Intérieur, Paris.* — Citoyen ministre, j'ai l'honneur de vous « informer qu'*appelé par la population* du chef-lieu de l'A- « riége pour proclamer et constituer la République dans « l'Ariége, cette forme de gouvernement a été accueillie avec « enthousiasme. Les chefs d'administration sont venus se « mettre à ma disposition comme commissaire provisoire « nommé par la population. L'ordre et la tranquillité règnent « partout. Veuillez, citoyen ministre, agréer mes sentiments « dévoués. — C. Anglade. »

Rien n'est plus simple que ce système « *d'acclamation* », on prend possession de la préfecture, on se présente au balcon, et l'on crie à la foule : « C'est moi maintenant qui suis le préfet. » Et puis on télégraphie : « Le peuple m'a acclamé préfet, comme il vous a acclamé membre du Gouvernement. Le poste est bon, j'y reste. » Et l'on y restait.

Voilà comment le 5 septembre au matin la France fut pourvue de 89 préfets et d'un nombre incalculable de fonctionnaires !

Mais tous ces préfets acclamés, tous ces fonctionnaires improvisés n'avaient pas toujours pour le Gouvernement un respect bien grand, ni pour le ministre Gambetta une déférence bien prononcée. C'est ainsi qu'à propos d'une question d'ambulance, le préfet de la Nièvre et M. Gambetta s'envoient les aménités suivantes :

« M. Girerd *à M. Gambetta.*

« ... Je crois de mon devoir de vous signaler ce que je « vous ai signalé. Quoique préfet, *j'entends conserver mon* « *droit d'appréciation.* Je travaille, non pour plaire à un mi-

« nistre, quelle que soit ma sympathie pour sa personne, mais « pour fonder la République. *Je ne dévierai pas* de la ligne « que j'ai suivie. J'attends donc une explication ou une ré- « vocation. »

« M. GAMBETTA *à M. Girerd.*

« ... Vous me répondez en mettant en avant des questions « de personnes. Je ne descendrai pas avec vous sur ce ter- « rain. Si votre dépêche avait contenu quelques-unes de ces « appréciations auxquelles vous tenez si fort, j'aurais eu à « la discuter. Elle était écrite, comme celle d'aujourd'hui, « *sur un ton auquel nous ne sommes pas habitués.* J'ai dû vous « le dire. Usez de votre droit d'appréciation pour qualifier « mes deux réponses, si bon vous semble; mais assez de « faire intervenir vos sympathies ou vos antipathies person- « nelles dans les affaires de service. *Telle est ma manière de* « *voir* comme ministre, et *je suis bien aise que vous la con-* « *naissiez.* »

Plus tard, c'est un certain Pierre Baragnon qui s'attire de M. Laurier un charitable avertissement. Le citoyen Pierre se mêlait de ce qui ne le regardait pas :

« Je vous prie de bien penser que rien ne pouvait arriver « de plus fâcheux que votre intervention dans les affaires « qui ne rentrent pas dans votre mission toute spéciale et à « laquelle vous serez sage de conserver son caractère d'u- « tilité pratique et *modeste.* C'est ainsi que vous annoncez « que vous allez au camp des Alpines. Qu'avez-vous à faire « là ? Vous n'êtes pas inspecteur des camps, mais simple- « ment *recenseur des mobilisés.* Évitez-nous les conflits. Vous « savez par expérience que les conflits ne seraient pas « tranchés à votre profit. *Tenez-vous, tenez-vous si vous* « *voulez demeurer.* Mon conseil est sage, ne le négligez pas.
« LAURIER. »

Impossible d'être persiflé plus agréablement ! Mais que dites-vous maintenant de cette façon d'écrire à un ministre?

« Saint-Lô, 31 janvier 1871. — *Préfet à Intérieur et Guerre,* « *Bordeaux.* — Je lis dans la circulaire que vous venez de « nous envoyer : « *Guerre à outrance, résistance jusqu'à com-* « *plet épuisement.* »

« Si vous voulez faire revenir les chambellans, je vous « conseille de *publier ce petit aphorisme.* — Achille DELORME. »

M. Delorme était un fonctionnaire bien respectueux ! A Tulle, il y avait un préfet plus original encore. C'est lui qui considérait la défense nationale comme une affaire de « *curiosité* ». Quant au maintien de la République, c'était l'important :

« Tulle, 21 septembre 1870. — *Préfet à Intérieur, Tours.* — « *Chiffrée.* — Rien de nouveau au point de vue politique, si « ce n'est que le mouvement en faveur de la République s'ac- « centue de plus en plus, tout est prêt pour les élections du « 25 ; j'espère un résultat favorable au point de vue de l'ad- « hésion à la République.

« Donnez-moi quelques nouvelles militaires *pour satisfaire* « *la curiosité inquiète de la population.* Le Gouvernement reste « trop silencieux vis-à-vis d'elle sous ce rapport. — Louis « LATRADE. »

D'ailleurs, le citoyen Latrade avait un tempérament de pur :

« Tulle, 1er novembre 1870. — *Préfet à Intérieur et Guerre,* « *à Tours.* — *Chiffrée.* — Formez une cour martiale à Tours. « Faites condamner contumaces (?) les *maréchaux et généraux* « *traîtres.* Cela rendra plus faciles arrestations et condamna- « tions dans départements. — Louis LATRADE. »

Le préfet de Poitiers n'était pas moins énergique dans ses « *moyens* » de gouvernement :

« Poitiers, 31 janvier. — Préfet à Gambetta. — Chiffrée. —

« Confidentielle. — Résister, oui; mais par des moyens pro-
« portionnés au péril, non selon un système précédent. As-
« semblée sera *mauvaise si nommée sans pression révolution-*
« *naire.* — L. Ribert. »

Ne quittons pas cet excellent M. L. Ribert sans citer de lui cette jolie dépêche, que nos lecteurs connaissent sans doute, mais qui fait toujours rire :

« Poitiers, 9 novembre. Préfet à Intérieur. *Quand j'accep-*
« *tais M. Bucaille, j'ignorais qu'il fût de Litinière. J'ai déjà M. de*
« *la Grange.* Cela ferait deux particules sur trois conseillers
« de préfecture. L'effet serait fâcheux... »

Figurez-vous cette petite bouffonnerie débitée par Gil-Pérez ! Quel succès !...

Mais continuons à faire passer sous les yeux de nos lecteurs le personnel républicain du 4 Septembre. Charmant personnel !

Voici M. Raynal, préfet de l'Aude. M. Raynal n'aime point les « *ramollis* », et veut à toute force « *rajeunir l'ar-*
« *mée.* »

« 11 *octobre.* — Pourquoi nous avoir envoyé un général
« rejeté par un autre département? La population est mé-
« contente ; on ne fera jamais rien avec *ce ramolli*, il ne sert
« absolument qu'à désorganiser. »

« 30 *octobre.* — *Rajeunissez l'armée.* Plus de demi-mesures.
« De l'énergie, de l'énergie, de l'énergie encore, et vous sau-
« verez la République. »

Cependant, tout en voulant rajeunir l'armée, le susdit citoyen Raynal proteste contre les nominations de « *petits cre-*
« *vés cléricaux.* »

« 23 *novembre.* — Municipalité de Narbonne, maire et ad-

« joints compris, a donné sa démission; elle refuse de con-
« tinuer son concours, lorsqu'elle voit les propositions
« *ultra-royalistes* du lieutenant-colonel Pech-Testanière, du
« 83e mobiles, en faveur des *petits crevés les plus cléricaux* et
« *réactionnaires* les plus compromis de l'arrondissement de
« Narbonne... »

D'ailleurs, quoique « *dévoué à la défense nationale,* » tout légitimiste ou clérical était suspecté :

« *M. Blaise, préfet d'Ille-et-Vilaine, à M. Laurier.*

« 10 *octobre.* — M. de Talhouët, membre du Conseil de dé-
« fense, se rend à Tours sans mission. Il est légitimiste, dé-
« voué à la Défense nationale. Ne lui donnez mission pour
« rien. Très-exalté. »

« Saint-Brieuc, 29 janvier 1871. — *A secrétaire général des*
« *télégraphes, Bordeaux.* — Si j'écoutais mon amour-propre,
« j'accepterais immédiatement la proposition relative à *la*
« *démolition* du général, d'autant plus volontiers qu'il n'est
« au fond qu'un *vieux gabion farci de jésuitisme*, derrière
« lequel s'embusquent des gens on ne peut plus mal inten-
« tionnés. »

Cette jolie dépêche signée : Le Luyer, fait pendant à celle de M. Raynal. « *Général ramolli ! — Vieux gabions à démolir !* » On reconnaît bien là l'horreur profonde des hommes du 4 Septembre pour l'armée en général et les officiers supérieurs en particulier. D'Aurelles de Paladines était suspecté et injurié, Bourbaki était accusé d'incapacité et de négligence; mais Garibaldi était entouré de prévenances et allait recevoir à Tours l'accolade du vénérable Crémieux !

Ce souvenir réjouissant nous amène à parler des grotesques du 4 Septembre.

Quoi de plus fantastique que cette dépêche adressée par un sous-préfet nommé Delmarès ?

« Je suis avant tout républicain radical et jaloux de l'hon-

« neur du nom français. Je refuse toute transaction ayant « pour base cession de territoire ou démantèlement de for« teresses; il faut l'énergie des conventionnels, en ces temps « douloureux et de lâches trahisons. Je veux la guerre à « outrance plutôt qu'une paix honteuse, et j'ai juré devant « 800 citoyens de marcher au besoin à la tête des armées, « car de nouveau je léguerai à mes concitoyens un exemple « à suivre qui ranimera encore leur courage. Vive la Répu« blique ! »

On voit d'ici le sous-préfet Delmarès marchant à la tête des armées et léguant à ses concitoyens un exemple à suivre !

Et ce géomètre de Constantine qui télégraphiait au gouvernement de Bordeaux :

« Voici, d'après moi, le salut de la France : Offrir à l'A« mérique une partie et même toute l'Algérie, à condition « d'une alliance franco-américaine, et que les Prussiens « soient chassés avec son secours immédiat. »

Pour un joli plan, c'était un joli plan !

Et ce sous-préfet qui refuse avec tant de dignité le poste de Vire (Lamarle croyait.... Lamarle refuse.... Lamarle reste....), mais qui se réserve pour un poste supérieur :

« Vire, 4 novembre 1870.

« *Lamarle à Intérieur, Tours.*

« Lamarle croyait venir sous-préfet à Vire, par avance« ment. Vire étant même classe que Montdidier, il refuse et « reste à votre disposition *pour poste supérieur*. — LAMARLE. »

Et cet excellent M. Raynal (déjà cité) qui dans un élan d'admiration télégraphie à Gambetta :

« 17 octobre.

« Merci, au nom de tous, brave ami, vous sauverez la Ré« publique, *sic itur ad astra;* ne vous l'êtes-vous pas dit en « mettant le pied dans le ballon ? »

Enfin, terminons par cette perle d'un si haut prix :

« Il serait bon d'appuyer auprès des mobiles d'Ille-et-Vi-
« laine, comme candidat à l'Assemblée, un agrégé de nos
« amis, qui s'est *révélé* dans cette crise à Paris et que tra-
« vaux économiques rendraient *utile* à la Chambre. Il faut
« faire sa part à la jeune génération. Celui-là en est un des
« hommes les plus énergiques et les plus vigoureux. C'est
« un *réformateur*, ce n'est pas un révolutionnaire. La France
« aujourd'hui a besoin d'hommes d'*initiative* et de *valeur*. Il
« ne pose pas sa candidature, mais s'il était nommé, il ne
« déclinerait pas le fardeau ni le péril. Il est très-sympathi-
« que ici aux mobiles du département, qui n'a pas toujours
« brillé par ses députés. — LÉVEILLÉ. »

Le candidat ainsi prôné par M. Léveillé était.... M. Léveillé lui-même.

CIRCULAIRE ET DISCOURS.

Après la circulaire de M. le garde des sceaux, le discours de M. Wallon.

Les termes dont s'est servi l'honorable ministre de l'instruction publique, pour expliquer la portée du vote du 25 février, méritent d'être remarqués, car personne n'a plus d'autorité que lui pour parler de son œuvre.

Or, voici ce qu'a dit M. Wallon aux savants réunis à la Sorbonne, le 3 avril :

« La République vient de recevoir par le vote des lois con-
« stitutionnelles un caractère *plus défini, sans fermer la porte*
« aux réformes, *aux transformations mêmes de ce régime*, selon

« que la volonté du pays, régulièrement exprimée, en dis-
« posera. »

Ainsi, voilà qui est clair : la République du 25 février a une nature toute particulière; « établie en fait depuis le « 4 septembre, » elle a reçu un caractère *plus défini*, mais n'a pas été déclarée définitive, puisqu'une *porte reste ouverte* par laquelle elle pourra disparaître un jour ou l'autre. Cette porte, c'est le droit de révision conféré par l'article 8. Et à ce sujet, la *Gazette de France* fait une remarque fort juste : « On nous « accuse d'attaquer la Constitution; ce n'est pas nous qui « l'attaquons, par la raison toute simple qu'elle nous four- « nit le moyen légal, constitutionnel, de la supprimer EN « TOUT ou en partie. Quand nous entendons la presse répu- « blicaine parler de la violation de la Constitution, il nous « semble qu'il y a une singulière méprise; les violateurs « de la Constitution sont ceux qui ne veulent pas recon- « naître ce qu'on y a mis.... Vaincus le 25 février, nous « demandons aux lois mêmes faites par nos vainqueurs, la « protection qu'elles nous offrent et que nous entendons « prendre très au sérieux. On nous a donné le droit de « révision *totale;* nous entendons user de notre droit. C'est « bien le moins. »

Mais ce droit, M. Dufaure a-t-il songé à le contester dans cette circulaire dont les républicains cherchent à se servir, pour imposer le respect, non de la Constitution votée le 25 février — nous la respectons — mais d'une République définitive, irrévisable, éternelle?

A cette question, le *Français*, organe de M. de Broglie, et aussi un peu, dit-on, de M. Buffet, répond :

« Quelques-uns remarqueront peut-être que le garde des « sceaux n'a pas rappelé le droit de révision. Cependant, « n'est-ce pas pour y faire allusion que l'on qualifie le nou- « veau régime de régime *défini*, et non le régime définitif ?

« D'ailleurs, nous sommes bien convaincus que M. Dufaure « n'a pas songé un instant à contester cè droit de révision. « Quand il parle de la soumission aux lois constitutionnelles, « il veut parler sans doute de ces lois tout entières telles « qu'elles ont été votées, sans en exclure aucune disposi- « tion, et il engage par là même les procureurs généraux à « poursuivre ceux qui contesteraient l'existence ou l'étendue « du droit de révision. »

LA FRANCE RÉPUBLICAINE.

En 1872, l'empereur d'Allemagne recevait la double visite d'Alexandre II et de François-Joseph. En 1873, l'empereur de Russie, Guillaume Ier et Victor-Emmanuel allaient à Vienne.

L'alliance à quatre s'achève en 1875 par l'entrevue à Venise du roi d'Italie et de l'empereur d'Autriche.

Quant à la France, il n'en est pas même question. La France, qui menait l'Europe avant que la Russie fût sortie de la barbarie, la Prusse de ses langes poméraniens, et l'Italie de la domination étrangère, la France est délaissée comme l'Espagne, impuissante comme le Danemark.

Jolie conséquence de la République ! Jamais notre pays au lendemain de ses plus terribles désastres ne s'est vu réduit à de pareilles destinées. Il suffit, pour s'en convaincre, de se reporter à ceux de 1814 et de 1815.

Tout en nous laissant notre intégrité territoriale, grâce à l'intervention des Bourbons, l'Europe avait en 1814 l'intention formelle de nous exclure du concert européen. Louis XVIII envoya M. de Talleyrand au congrès de Vienne, avec ordre de s'y faire place au nom de la « *légitimité*. » Talleyrand tint tête aux quatre puissances alliées, et la France reprit son rang.

Waterloo faillit le lui faire perdre une seconde fois. Mais, après comme avant, le droit triompha, et M. de Richelieu put rétablir l'équilibre général.

Eh bien, nous ne craignons pas de le dire : en 1871 la Monarchie aurait non-seulement préservé la France du démembrement, mais l'aurait encore fait rentrer dans le concert européen.

Au lendemain de Sedan comme au lendemain de Waterloo, il n'était possible de le rétablir qu'au nom d'un principe : la légitimité ; on ne l'a pas voulu, et la France républicaine se trouve, comme à la veille du congrès de Vienne, en face d'une alliance à quatre : Berlin, Saint-Pétersbourg, Vienne, et Venise.

Aujourd'hui l'Italie a remplacé l'Angleterre : voilà tout. Mais notre situation est la même. Finira-t-elle par ouvrir les yeux aux hommes de bonne foi ? Les républicains dits conservateurs ou modérés se persuaderont-ils enfin que la République ne peut que nous rendre isolés et impuissants, en face d'une Europe monarchique ?

LE DROIT DE RÉVISION.

La *République française*, niant les effets de la révision inscrite dans la Constitution du 25 février, avait osé écrire :

« La *Gazette de France* feint de réclamer une liberté de dis-
« cussion qui serait garantie, prétend-elle, par la clause de
« la révision insérée dans la loi constitutionnelle. Cette clause
« de révision imposerait, dit-elle, un caractère provisoire à
« la Constitution républicaine. C'est là une prétention ab-

« surde. Les institutions établies par le vote du 25 février « sont définitives. La clause de révision ne change rien à « leur caractère. »

La *Gazette* répond et prouve, pièces en mains, que ce qui est « absurde », c'est la prétention des républicains à déclarer définitives des institutions *révisables*.

Il est important de bien s'entendre.

Les citoyens n'ont pas le droit de manquer de respect à une loi votée régulièrement, cela est vrai.

Mais ce n'est pas manquer de respect à la Constitution votée le 25 février, que de demander qu'au jour marqué par la *révision*, on substitue la Monarchie à la République.

Ce n'est pas violer « la loi constitutionnelle du pays, » c'est user de la latitude que cette loi a entendu laisser au citoyen. Nos législateurs n'ont pas voulu fermer l'avenir aux autres formes de gouvernement : ils ont entendu rendre possible la restauration de la Monarchie.

C'est là l'esprit et le sens de l'article 8, ainsi conçu :

« Art. 8. Les Chambres auront le droit.... de déclarer « qu'il y a lieu de reviser les lois constitutionnelles....

« Les délibérations portant révision des lois constitution-« nelles EN TOUT ou en partie devront être prises à la ma-« jorité..., etc. »

Est-ce clair ?

Les lois constitutionnelles votées le 25 février peuvent donc être revisées EN TOUT.

Quoi de plus formel? Le TOUT, c'est le principe, c'est le nom, c'est l'organisation de ce qui est, qui peut être régulièrement, légalement substitué à une autre chose absolument opposée.

Nous n'avons rien à ajouter à ces réflexions si justes, à cette réponse si péremptoire. Nous nous contentons de les signaler aux rédacteurs du *Courrier*. Ils y trouveront un enseignement salutaire.

Du reste, pour qu'il ne subsiste aucun doute sur l'étendue du droit de révision, nous croyons devoir citer la déclaration faite officiellement au nom de la Commission des lois constitutionnelles, par un de ses membres.

M. Paris répondait le 5 février à M. Cotin qui lui demandait ce qu'il fallait entendre par « *droit de révision* » :

« Puisqu'on désire une déclaration plus complète, plus « catégorique, nous ajoutons au nom de la Commission, qu'en « disant : « Il pourra être procédé en totalité ou en partie à « la révision », nous entendons formellement que toutes les « lois constitutionnelles, dans leur ensemble, pourront être « modifiées, *que la forme même du gouvernement pourra être l'ob-* « *jet d'une révision*. Il ne peut, il ne doit y avoir à cet égard « aucune équivoque. »

Après avoir cité les termes formels de la loi et l'interprétation officielle de la Commission, nous demandons qui pourrait contester le droit de révision?

L'ENTREVUE DE VENISE ET L'INCIDENT BELGE.

Il se dit beaucoup de choses dans la presse allemande sur l'entrevue de Venise, et les appréciations diffèrent singulièrement.

Les uns, comme la *Correspondance provinciale*, n'y voient qu'une consolidation de l'alliance des empereurs, à laquelle l'Italie va être rattachée plus étroitement.

Les autres, comme la *Gazette de Cologne*, avouent leurs inquiétudes et prétendent que les catholiques d'Autriche ont profité du voyage de l'empereur pour sonder le gouvernement italien et savoir jusqu'à quel point l'Italie réconciliée avec le Pape formerait une triple alliance contre l'Allemagne, sous l'égide de Pie IX (Autriche, France, Italie).

Sans accueillir ce dernier bruit avec une confiance parfaite, le correspondant berlinois de la *Gazette de France* ne peut s'empêcher d'écrire :

« La politique prussienne vient de subir son premier « échec en Europe depuis 1870.... En mettant les choses au « mieux, l'entrevue de Venise devait avoir un résultat fâ- « cheux pour la politique de M. de Bismarck, car elle met- « tait en présence deux souverains dont l'un est connu par « ses sentiments franchement catholiques, et il était facile « de prévoir que la question romaine n'y serait pas résolue « dans le sens des passions et des haines de Berlin. »

Quoi qu'il en soit de l'échec probable éprouvé en Italie par M. de Bismarck, celui que vient d'essuyer la Prusse en Belgique n'est contesté par personne.

On sait en quoi a consisté l'incident germano-belge : la chancellerie allemande prétendait forcer le gouvernement du roi Léopold à modifier les lois du pays de façon à empêcher les sujets belges d'exprimer une opinion indépendante sur les actes de l'Allemagne. M. de Bismarck avait évidemment pour but de faire entrer la Belgique dans le cercle de la politique allemande ; la faiblesse de ce petit royaume lui avait fait croire qu'il serait facile de réussir dans cette entreprise.

Mais le patriotisme de tous les partis, catholiques et libéraux, la fermeté du cabinet, ont vite dissipé les illusions de l'orgueilleux chancelier de l'Empire. Dans une note dont nous voulons donner quelques extraits, le ministre des affaires étrangères, M. le comte d'Aspremont, repousse avec beaucoup de dignité l'ingérence de l'Allemagne, et déclare nettement qu'il ne sera apporté aucune modification dans les institutions de la Belgique :

« La Belgique a toujours satisfait consciencieusement à « ses obligations internationales. Dans l'accomplissement de « cette tâche, la Belgique trouve l'appui le plus solide dans « *ses institutions libres*, éprouvées depuis près d'un demi-siè- « cle et qui sont devenues les *conditions inséparables de son* « *existence*. Ce sont ces institutions qui ont permis au Gou- « vernement belge de surmonter toutes les difficultés qui se « rattachent au gouvernement d'un peuple libre. Ces insti- « tutions ont *placé la Monarchie sur une base inébranlable.* « Non moins bienfaisante a été l'influence de ces institutions « à l'étranger. Nous devons laisser à d'autres le soin d'éta- « blir dans quelle mesure la Belgique a contribué à conso- « lider le principe monarchique, à développer le système « parlementaire et à résoudre enfin le problème fondamen- « tal de tous les gouvernements modernes, le problème d'al- « lier l'ordre à la liberté. »

« *La Monarchie placée sur une base inébranlable.* »

C'est à elle, en effet, que la Belgique doit d'avoir pu résister aux prétentions germaniques. Dans ce noble pays belge, on est catholique ou libéral, mais on ne discute pas la forme de gouvernement; on attaque le ministère, mais on respecte le roi. Et c'est parce que les différents partis ont fait passer l'indépendance de la Belgique avant toute autre considération, que le gouvernement du roi Léopold a pu montrer une si noble fermeté.

En France, il n'en est pas ainsi. On discute hardiment la forme gouvernementale, on cherche à se mettre en dehors des conditions essentielles de l'existence nationale, on ne craint pas de proclamer la République. La République avant la France ! s'écrient les vrais républicains. M. Gambetta l'écrivait lui-même à M. Gent, préfet de Marseille, après le 4 septembre : « *Je ne m'inspirerai que des intérêts de la Répu-* « *blique qui nous reste à sauver, puisqu'on vient de sacrifier les* « *intérêts de la France.* »

Le parti républicain a suivi l'exemple de son chef : à une

France forte et glorieuse avec la Monarchie, il a préféré une France impuissante et faible avec la République.

LE PATRIOTISME RÉPUBLICAIN.

Nous disions, l'autre jour, qu'en Belgique, les catholiques et les libéraux se trouvent unis dans la pensée de défendre l'indépendance de leur pays, tandis qu'en France le parti républicain se préoccupe avant tout des intérêts de la République, et se laisse aveugler par sa haine contre le catholicisme et la Monarchie.

Nous avons vu à l'œuvre les républicains pendant l'Empire, pendant la guerre, sous M. Thiers et sous le Septennat.

Nous les avons vus, secondant avec ardeur la politique impériale, travailler avec zèle à l'unité de l'Allemagne. Emportés par leur haine contre le Pape et les princes légitimes, le *Siècle*, l'*Avenir national* et l'*Opinion* aidaient le parti italien à détruire la fédération si favorable à notre sécurité. M. Thiers, entré au Corps législatif, grâce aux monarchistes libéraux et malgré les républicains, qui lui opposèrent M. d'Alton-Shée, radical, avait beau montrer que former de grandes puissances sur nos frontières, c'était courir à une catastrophe, les Havin et consorts n'en persistaient pas moins à se faire les complices de cette politique antifrançaise. Cela, c'est de l'histoire.

Mais, pendant la guerre, le parti républicain s'est-il montré plus patriote?

Après Sedan, il fallait se résigner à une paix qui nous eût laissé la Lorraine et trois milliards, ou du moins appeler le peuple à se prononcer sur ses destinées. Mais la paix c'eût été la mort de la République; et l'élection d'une Assemblée, la défaite des républicains. Or, la grande préoccupation du parti républicain était de garder le pouvoir dont il s'était emparé sans mandat; et c'est pour garder ce pouvoir, pour satisfaire leur ambition, que M. Gambetta et ses collègues continuèrent une guerre impossible.

Durant la dictature, le parti républicain ne montra pas davantage son patriotisme. M. Jules Favre, qui est à même de savoir ce qui s'est passé, avoue dans un ouvrage récemment publié, que les frères et amis « *propageaient des idées* « *fédéralistes qui ne tendaient à rien moins qu'à* DÉTRUIRE LA « NATIONALITÉ FRANÇAISE. » Ailleurs, il reconnaît que les imprudences de M. Gambetta « *pouvaient allumer la guerre civile.* » Voilà le patriotisme du parti républicain !

Quelle a été maintenant son attitude sous le gouvernement de M. Thiers? L'ex-président a raconté lui-même qu'au moment de la Commune, en présence de l'étranger qui occupait encore quarante départements, les délégués républicains des plus grandes villes étaient venus le menacer de « FAIRE CAUSE COMMUNE AVEC LA DÉMAGOGIE » s'il ne maintenait pas la république. C'est ainsi que le parti républicain travaillait à la libération du territoire !

Arrive le 24 mai. La droite et le centre droit s'occupent de rétablir la monarchie, qui seule pouvait nous donner des alliés, alléger les charges que faisait peser sur nous le traité de Francfort, et résister aux prétentions de l'Allemagne.

M. de Bismarck l'a dit, en parlant de la restauration monarchique :

« On nous prierait alors d'une façon amicale de favoriser « le développement du jeune germe monarchique en faisant « à la monarchie au point de vue du payement et de l'éva- « cuation, des concessions que nous aurions refusées à la « république.... Il en résulterait bientôt un groupement des « États européens très-gênants pour nous, lequel commen- « cerait à exercer sur nous une pression amicale pour nous « faire renoncer à une partie des avantages que nous avons

« acquis.... Nous n'avons certainement pas pour devoir de « rendre la France puissante en y établissant une monar-« chie, ni de rendre la France capable de conclure des al-« liances. Cette conviction me met dans l'impossibilité de « conseiller à Sa Majesté de réveiller en France le droit mo-« narchique. »

C'était clair. La monarchie rétablie, l'Europe exerçait une « *pression* » sur la Prusse pour l'obliger « *à renoncer à une* « *partie des avantages acquis* » et « *s'alliait* » à nous.

Mais les républicains ont préféré payer par notre faiblesse et notre isolement, le bonheur de vivre en république : ils n'ont reculé devant rien, pour combattre la restauration monarchique, notre seul élément de revanche.

Où est donc le patriotisme républicain?

BERRYER.

Lorsque ce cri retentit en France : Berryer est mort! ce fut un deuil national, car Berryer n'était pas seulement le grand royaliste dont M. Louis Blanc a dit : « Quel parti ne se serait « glorifié de l'avoir pour chef? » il était encore le grand orateur, le grand patriote libéral, « *l'homme le plus complète-* « *ment français de tous les Français.* »

Une souscription aussitôt ouverte fut bientôt remplie, et a permis d'élever à Berryer deux statues, l'une qui va être érigée à Paris, l'autre qui vient d'être inaugurée à Marseille, sa patrie d'adoption.

L'*Écho* a déjà donné les détails de cette solennité; nous n'y reviendrons pas, mais qu'il nous soit permis de citer quelques passages de l'éloquent discours prononcé, au nom des royalistes de France, par M. de Larcy, l'ami de Berryer, le compagnon de ses luttes.

M. de Larcy a raconté brièvement la vie de Berryer orateur, homme politique et avocat.

Orateur. — « Quel est celui de nos contemporains qui n'a « point entendu célébrer la gloire de M. Berryer? A une « époque privilégiée qui a vu monter à la tribune française « de si éminents orateurs, il est resté entre tous, incompa- « rable. Son nom semble celui du dieu de l'éloquence, et « la postérité a confirmé les expressions d'Armand Marrast, « écrivant dans le *National :* La parole est à Berryer comme « la toile est à Raphaël et le marbre à Michel-Ange.

« Ce qui faisait du talent de M. Berryer une puissance, « comme le dit lors de son début M. Royer-Collard, c'est « cet ensemble de qualités merveilleuses que seul il réunis- « sait : la noblesse du regard et l'attitude, la beauté de la « voix, ce geste souverain qui semblait porter avec lui « l'arme du commandement, enfin et surtout cette élévation « constante des pensées que l'on sentait toujours jaillir du « cœur, réalisant ainsi la maxime des anciens : *Pectus es quod « facit dissertum.* »

Député. — M. de Larcy l'a montré essayant en vain de détourner le conflit d'où devait sortir 1830, se jetant au secours de la prérogative royale ; puis seul sur la brèche, protestant contre la Révolution, arrachant les royalistes à l'abstention, et les poussant à la résistance légale et parlementaire :

« C'était une voie nouvelle qu'ouvrait M. Berryer ; il arra- « chait les royalistes à l'inaction ou à des entraînements « inutiles. Il ne devait plus y avoir d'émigration à l'exté- « rieur ni à l'intérieur. La ligne parlementaire de la droite « était tracée. C'était là l'œuvre propre, le mérite original, « personnel, de M. Berryer, et qui lui sera compté dans « l'histoire.

« Il joignit l'exemple au précepte. Après les élections gé-
« nérales de 1831, il lutta seul dans la Chambre contre les
« partis triomphants, défendant avec une éloquence intré-
« pide les lois de la morale, les libertés publiques, l'hon-
« neur et les intérêts de la France. »

Arrive 48. Berryer, sans hésiter, accepte pour alliés ses anciens adversaires, prêche la concorde, la fusion, et se dévoue à la défense de l'ordre social, comme après 1851, à la défense des libertés publiques.

Au barreau, — Berryer se constitue l'avocat de tous les droits méconnus et de toutes les libertés violées. Il défend Chateaubriand, Montalembert, Mgr Dupanloup, les Montmorency, les Princes d'Orléans, le roi de Naples et Mgr le comte de Chambord.

Mais Berryer avait en lui quelque chose de plus beau que le génie, de plus rare que l'intelligence politique : Berryer fut un *homme d'honneur*. Sa vie peut se résumer en un mot : *le culte de la fidélité*. Il est mort fidèle à toutes ses croyances, à la religion, à la monarchie et à la liberté, sans une apostasie sur la conscience, sans un mensonge sur les lèvres.

« Avoir, écrit M. Ch. Dupuy, avoir pendant soixante ans
« servi toutes les causes trahies par la fortune, s'être con-
« stitué le courtisan de toutes les vérités et de tous les prin-
« cipes qu'un jour d'émeute avait renversés, ou que la main
« d'un despote avait asservis; n'avoir eu qu'un drapeau,
« celui du droit ; qu'une espérance, le triomphe de la vérité ;
« qu'une ambition, la défense du juste ; n'avoir jamais rien
« trahi et jamais rien violé; avoir traversé les révolutions
« sans s'y salir, les oppositions sans s'y complaire ; avoir été
« le plus grand par l'éloquence et par le génie, et n'avoir
« jamais rien ramassé de peur de s'y souiller; n'avoir ja-
« mais pactisé et jamais renié, jamais salué aucun front
« taré, jamais tendu la main à aucun pouvoir méprisé ; avoir
« vécu quatre-vingts ans, assistant à l'écroulement et ne

« bougeant pas, le regard toujours fixe sur le droit, n'avoir « sacrifié qu'à la vérité et mourir : tel fut Berryer ! »

Puisse le monument que vient de lui élever Marseille, rester toujours comme un symbole de concorde nationale ! Puissent tous ceux qui se sont associés à cette manifestation, suivre la politique de ce grand citoyen et s'inspirer de ses exemples !

OPINION DU CENTRE DROIT SUR LA RÉPUBLIQUE.

M. Clapier, député des Bouches-du-Rhône, et, jusqu'au 25 février, membre de la majorité conservatrice, vient de prononcer un discours bien étrange.

M. Clapier a voté la république; or voici ce qu'il en dit :

« Certes, je n'ignore aucun des inconvénients du gouver« nement républicain : la forme républicaine est peu con« forme à notre génie national et à nos traditions histori« ques ; elle s'accommode mal à nos mœurs, qui n'ont rien de « l'autorité démocratique, elle est peu compatible avec un « État obligé d'entretenir un million d'hommes sous les ar« mes; elle apporte une certaine gêne dans nos relations « avec les puissances voisines; elle offre une note disso« nante dans l'ensemble du concert européen. »

M. Clapier s'est fait, en cette circonstance, l'interprète de ses quatre-vingt-huit collègues du centre droit qui, monarchistes de cœur et de raison comme lui, ont cru devoir s'unir à la gauche et constituer la république, poussés par la peur de l'Empire.

Au 25 février, ils n'ont pas dissimulé leur répugnance à voter la Constitution Wallon; aujourd'hui encore, ils ne se font aucune illusion sur le gouvernement républicain et déclarent « *n'ignorer aucun de ses inconvénients* ».

Est-ce qu'en effet, des hommes comme les Broglie, les Bocher, les d'Audiffret, les de Cumont, qui, toute leur vie, ont défendu les institutions monarchiques et constitutionnelles, peuvent du jour au lendemain abandonner leurs principes et se rattacher à la République des Gambetta et des Jules Favre! S'ils ont accepté, dans un moment de frayeur, la Constitution républicaine, c'est qu'ils la savaient RÉVISABLE et susceptible d'aboutir à la monarchie. Et nous pouvons affirmer que sans l'*article* 8, garantie réelle donnée aux conservateurs contre la République, les collègues de M. Clapier n'eussent pas voté le projet Wallon.

Mais, pour en revenir au discours de l'honorable député, reconnaissons qu'il a un mérite particulier : celui de montrer combien sont profondes et radicales les divisions de la nouvelle majorité. M. le duc d'Audiffret, qui a dit : « *La République conduit fatalement au despotisme*, » et qui, en répondant à M. Gambetta s'est écrié : « *Pour en finir, Monsieur, je considère les radicaux comme le parti de la destruction !* » M. le duc d'Audiffret ne peut avoir les mêmes aspirations que MM. Naquet et Gambetta. M. Bocher, qui, s'adressant à M. Jules Favre : « *Trois fois la République s'est établie en France, trois fois elle a été la fille de la sédition et de la révolte, trois fois est née dans le sang et le désordre* », M. Bocher ne peut voter sur les questions politiques avec MM. Jules Favre et Jules Simon.

M. Clapier, qui trouve à la République toutes sortes de défauts, ne peut marcher à la suite des hommes du centre gauche, etc., etc.

Il nous est donc permis de dire que la majorité du 25 février ne pouvait durer qu'un jour, une heure, et à la condition qu'on n'examinerait aucun programme. L'œuvre terminée, cette majorité de circonstance s'est dissoute aussitôt, et les divisions ont éclaté, divisions qui, se traduisant en faits, à un moment donné, condamneront sûrement la République.

C'est, dit la *Gazette*, parce que le centre droit rallié en était convaincu comme nous, qu'il a tenu à introduire dans la Constitution ce fameux article 8, dont le résultat est de changer légalement le régime actuel et de passer d'une République définie à la Monarchie définitive.

LA POLITIQUE DE CONCILIATION.

Un conseiller d'État, qui est en même temps écrivain distingué, M. Léopold de Gaillard, a publié, dans le dernier numéro du *Correspondant*, une lettre remarquable.

M. de Gaillard est un de ces royalistes constitutionnels qui trouvent dans 89. et 1814 toute leur politique, toutes leurs espérances, et qui, tout en restant fermement attachés aux principes nécessaires, accordent beaucoup aux susceptibilités de l'amour-propre et aux nécessités du temps.

Parlant des concessions qu'exige l'opinion publique, l'éminent rédacteur du *Correspondant* s'exprime ainsi :

« Elle admet le premier article de ce *Credo*, mais elle ré-
« siste invinciblement à le réciter jusqu'à l'*Amen* final, et ne
« croit pas que tout est perdu si elle en omet une syllabe. Autre
« chose est la religion, autre chose est la politique. Personne
« ne conteste, par exemple, que le parti légitimiste ne porte
« en lui le principe par excellence de la stabilité sociale et
« de l'ordre, l'hérédité du pouvoir. Notre principe légitimiste
« est donc en lui-même excellent et a paru, jusqu'à présent,
« nécessaire. Voilà ce que l'opinion conservatrice n'hésite
« plus à reconnaître. Seulement elle pense, à tort ou à
« raison, qu'une fois cette concession publiquement faite,
« une fois l'union noblement rétablie dans la maison royale,
« une fois la monarchie réintégrée dans son principe essen-

« tiel, le parti légitimiste n'a plus qu'à rentrer dans le sein « de la nation. Mais si, après l'hérédité royale reconnue, on « met en avant d'autres prétentions ; si l'on entreprend de « tracer d'autorité la ligne de démarcation entre les droits « du Roi et les droits du pays, alors tout est compromis, les « bonnes volontés se découragent, les vieilles prétentions se « réveillent, et il n'y a plus rien à espérer.

« Remarquez que l'opinion publique se trouve ici en plein « accord avec l'histoire. Les restaurations ne se sont jamais « enlevées, chez nous, de haute lutte et comme le triomphe « d'un parti. Leur vrai caractère a toujours été d'arriver « après négociations et comme un traité de paix. Les restau- « rations se font par les *Politiques*, comme sous Henri IV, ou « par les Talleyrand et les Fouché, comme de nos jours.

« Faire au Roi la part, la large part du principe, et faire à « la Ligue la part non moins nécessaire des garanties, ce « fut toute l'œuvre des *Politiques*, et c'est ainsi qu'ils mirent « fin aux guerres de religion et donnèrent à la France le « grand règne de Henri IV.

Cette politique de *conciliation*, prêchée jadis par Berryer et de Falloux, recommandée aujourd'hui par MM. de Lacombe et de Gaillard, nous a toujours semblé préférable à la politique de *résistance* des Benezet et des Franclieu.

Les événements, d'ailleurs, nous ont malheureusement donné raison ! Dieu fasse que dans la session actuelle les conseils des *Politiques* soient préférés aux excitations des Intransigeants !

1815-1875.

Après l'entrevue de Venise, l'entrevue de Berlin ; après la visite de l'empereur d'Autriche au roi d'Italie, le voyage de l'empereur de Russie en Allemagne.

La France, elle, qui tenait jadis la première place dans le conseil des nations, se trouve exclue des entrevues souveraines. Et bien plus, la paix pour notre pays dépend de la charité des autres, sa vie relève maintenant de leur pitié!

Dans quel état misérable et humiliant ont mis la France, ous ces fabricants de républiques, les Jules Favre, les Jules Ferry, les Rivet, les Wallon, les Laboulaye! Croit-on que l'Allemagne serait aussi arrogante, si, au lieu d'être en république, nous pouvions montrer à notre tête un roi?.... *Paris-Journal*, qui, pourtant, n'est pas royaliste, fait à ce sujet d'excellentes réflexions et ne peut s'empêcher de reconnaître toute la force morale qu'apportait à la France de 1815 le principe de la Restauration:

« Empereurs et rois se réunissent à Ems, à Berlin, à « Vienne, à Venise. Ils s'occupent, en leurs graves entretiens, « de la France dont l'état les inquiète; mais la France n'a « pas le droit de s'y faire écouter. Est-ce la suite de la dé- « faite et de l'affaiblissement? Non! la France de 1815 vain- « cue, démembrée, rançonnée, épuisée comme la France de « nos jours, figurait dignement au congrès de Vienne, et s'y « montrait l'égale de ses plus fiers vainqueurs. Mais alors ce « qu'on respectait en elle, c'était l'état monarchique et les « traditions qu'elle venait de renouer. Ce qu'on écarte au- « jourd'hui, c'est la République. Toute faible et tout appau- « vrie qu'elle est, la France vaut bien l'Italie. On fait fête au « roi Victor-Emmanuel, on l'appelle à Berlin, on va le voir « à Venise : on ne convie nulle part la République française, « et quand le czar va voir sa fille en Angleterre, il paraît al- « longer un peu sa route pour ne pas fouler notre sol répu- « blicain. »

Et c'est parce que nous voyons les conséquences désastreuses du régime républicain par rapport à notre situation extérieure, que nous ne cesserons d'invoquer l'article 8 et de demander la révision totale.

EXTRÊME DROITE ET CENTRE DROIT.

Depuis bientôt deux ans, depuis le jour où fut votée la loi du 20 novembre, l'extrême droite et le centre droit s'accusent et se déchirent avec un acharnement sans pareil. Au dire de l'*Union*, les partisans du *Français* sont la cause de tous nos maux ; selon le *Français*, ce sont les amis de l'*Union* qui doivent supporter la responsabilité de la situation actuelle.

Qui donc est dans le vrai? Eh bien ! à notre avis, le *Français* a un peu raison et l'*Union* n'a pas tout à fait tort !

Si la conduite de MM. de Broglie, Pasquier, Bocher est coupable ; celle de MM. de Franclieu, du Temple, d'Aboville ne mérite guère d'éloges. Tous ont commis des fautes, et sur tous pèse une lourde responsabilité.

Si nous sommes en république depuis le 25 février, la faute en est au centre droit, que le plus étrange aveuglement a entraîné à faire alliance avec M. Thiers, M. Gambetta et M. Naquet.

Mais, de son côté, l'extrême droite ne s'était-elle pas coalisée le 16 mai 1874 avec les gauches et les bonapartistes, pour faire échouer les projets de M. le duc de Broglie et renverser son ministère?

Tout ou rien ! telle a toujours été la politique de l'extrême droite. Et c'est grâce à cette politique, que du projet de Broglie nous sommes arrivés au projet Wallon, du ministère Larcy-Depeyre au ministère Dufaure-Say, que du Septennat conservateur et personnel nous sommes tombés dans la République ! Jolis résultats ! Intelligents politiques, ceux qui, poursuivant partout et toujours le bien absolu, sans se contenter du bien relatif, le seul possible dans la pratique des choses, refusent toute concession, et accusent d'apostasie les prudents ! Et un an plus tard, presque jour pour jour, le 18 mai, pourquoi l'extrême droite a-t-elle offert le même spectacle immoral d'une coalition avec les radicaux? Pourquoi 25 membres du groupe des chevau-légers ont-ils, sans motifs, contribué à infliger un échec à M. Buffet et à tuer l'ancienne Commission des Trente? La cause monarchique a-t-elle du moins profité de ce vote? Sur 30 membres de la nouvelle Commission, 5 seulement sont de la droite! Encore une fois, jolis résultats!

Qu'attend donc l'extrême droite d'une semblable conduite? Compte-t-elle sur un miracle?

L'éminent évêque d'Orléans l'a dit : « *Oublier dans nos* « *actes la raison et la prudence, laisser tout à l'abandon, nous* « *conduire témérairement et follement, et charger ensuite la Pro-* « *vidence de tout réparer, c'est tomber dans la superstition, ce* « *n'est plus de la foi, c'est de l'illuminisme!* »

Espère-t-elle en la politique de l'abîme?

Qu'elle écoute Berryer s'écriant en 1834 : « *Ne parlez pas* « *de perspectives de calamités envisagées par nous comme des es-* « *pérances. C'est une accusation odieuse. Ce n'est pas nous qui* « *jamais avons rêvé des malheurs, pour réaliser je ne sais quelles* « *espérances d'un avenir meilleur.* »

Mais rien n'est encore perdu : la gauche n'est pas, autant qu'elle croit, maîtresse de la situation. N'a-t-elle pas été battue à une forte majorité, dans la séance du 27 mai, à propos de la mise à l'ordre du jour du projet de loi sur la liberté de l'enseignement supérieur? Dans ce vote important, toutes les fractions de l'ancienne majorité se sont rencontrées : MM. de Broglie, de Franclieu, Bocher et du Temple ont voté ensemble. Il dépend donc des conservateurs de reformer la majorité du 20 novembre. Il faut, pour cela, que l'extrême droite s'inspire un peu plus de la politique de conciliation, et que le centre droit s'attache un peu moins à la politique d'expédients.

M. ARMAND RAVELET.

La mort de M. Armand Ravelet, directeur du journal *le Monde*, est une véritable perte pour le parti monarchique.

Royaliste aussi ferme que catholique fervent, M. Ravelet, cependant, n'était pas de ceux qui refusent toute concession, sous le prétexte que la prudence cache nécessairement une trahison. La rigueur de ses principes ne le rendait ni injuste ni intolérant : il ne se croyait pas le droit de défendre ses opinions, le soupçon dans l'esprit, la défiance dans le cœur.

Sachant qu'en politique, on ne doit pas exiger l'impossible, et qu'il faut admettre l'inévitable, l'éminent écrivain n'avait eu qu'un but depuis le 20 novembre 73 : contribuer par ses conseils à refaire la majorité monarchique sur le terrain large et franchement conservateur du Septennat. Si sa politique avait été suivie par l'extrême droite, nous n'aurions pas eu la néfaste journée du 16 mai, et, à l'heure actuelle, la République ne serait pas le gouvernement légal du pays.

Lors des élections du Pas-de-Calais et de Maine-et-Loire, M. Ravelet avait énergiquement combattu l'abstention adoptée par les ultras.

A ce sujet, il écrivit un remarquable article, dont nous extrayons ce qui suit :

« Certes, personne plus que nous ne travaille plus énergiquement et plus sincèrement à la restauration de notre
« vieille Monarchie, dans laquelle nous voyons le salut de
« la patrie. Mais enfin, aujourd'hui, cette restauration n'est
« pas faite. En résulte-t-il que les plus vaillants défenseurs
« de la royauté n'aient plus de devoirs, et qu'ils n'aient plus
« qu'à se voiler la tête en attendant des jours meilleurs?

« Cette attitude est plus musulmane que française. Nous « croyons même qu'elle servirait médiocrement à la cause « monarchique : il serait hardi de prétendre que les mo- « narchistes augmenteraient beaucoup les chances de la « Monarchie en se retirant des affaires publiques.

« D'ailleurs, même d'une maison qui brûle, il y a encore « des parties à préserver; même dans une nation qui n'a « pas le gouvernement qui lui est nécessaire, il y a des « principes sociaux à soutenir, des institutions à conserver, « des biens matériels et des vérités surtout à défendre; et « dans ce genre de combat, comme dans ceux qui se livrent « sur le champ de bataille, les catholiques et les royalistes « doivent être au premier rang.

« Pour nous, notre politique est bien simple. Nous ne dé- « sirons pas les cataclysmes, parce qu'un tel désir serait « criminel; nous ne prêchons pas l'abstention, parce qu'elle « est un aveu public d'impuissance. »

Ces belles paroles, ces sages conseils, nous les rappelons aujourd'hui, car ils ont conservé toute actualité.

Le *Français*, faisant allusion à l'esprit de mesure et de sagesse qu'apportait dans l'accomplissement de sa tâche le directeur du *Monde*, dit : « Nous avons la confiance que la « pensée dont M. Ravelet était dans la presse religieuse l'un « des représentants les plus distingués, ne mourra pas avec « lui, et que ses conseils demeureront présents et efficaces. »

Nous le souhaitons également, car la politique modérée du *Monde* nous semble plus profitable que les exagérations de l'*Univers*, à la cause religieuse et monarchique.

LA LIBERTÉ DE L'ENSEIGNEMENT.

La discussion sur la liberté de l'enseignement supérieur s'est engagée avec un éclat qui témoigne de l'intérêt et de la grandeur de la question.

Cette loi avait déjà trouvé dans le rapporteur, M. Laboulaye, un défenseur habile; elle a eu la bonne fortune d'avoir à son service la conviction profonde de MM. Chesnelong et de Belcastel, l'argumentation irrésistible de MM. Depeyre et Lucien Brun, et la haute éloquence du grand évêque d'Orléans.

La majorité conservatrice qui, dans la séance du 5 décembre 1874, avait proclamé le principe de la loi, et qui vient de se retrouver debout à propos de l'amendement Chesnelong, restera ferme, nous l'espérons, pour assurer le succès définitif de cette grande réforme.

Est-il nécessaire de le rappeler? C'est une des questions les plus importantes que l'Assemblée ait à étudier, une de ces lois de préservation sociale que le pays attend d'elle. Complément naturel, indispensable de la liberté de l'enseignement secondaire, la liberté de l'enseignement supérieur est nécessaire aux conservateurs comme arme de défense contre l'invasion du radicalisme.

D'ailleurs, les républicains ne s'y méprennent pas : fidèles aux vieilles traditions du jacobinisme, serviteurs du despotisme révolutionnaire, ils redoublent d'efforts en ce moment pour conserver le monopole de l'État créé par Napoléon Ier.

Le *Rappel* déclare que l'Université est dans l'impuissance de supporter la concurrence, et que si le projet de loi est voté, elle verra ses écoles désertées, ses chaires abandonnées.

« Qu'arrivera-t-il si la loi est votée? Les jésuites sont prêts,
« ils ouvrent boutique. Leurs laboratoires seront admira-

« blement montés, le matériel de leurs écoles ne laissera
« rien à désirer. La guerre qu'ils vous feront sera terrible.
« Ils iront trouver vos professeurs les plus savants. Ils les
« embaucheront, ils leur offriront des appointements dou-
« bles, triples, quadruples. Et voilà l'enseignement de l'État
« désorganisé. Voilà l'Université morte! Vous livrez la France
« aux jésuites. »

L'*Événement*, à son tour, prédit un nouveau Sedan à l'enseignement officiel, et compare M. Laboulaye au maréchal Lebœuf.

« Lui est-il permis d'ignorer l'état d'infériorité, d'abaisse-
« ment et — qui sait? — d'impuissance où l'initiative dé-
« chaînée du parti clérical suspendrait l'Université? La
« France n'était pas prête en 1870. L'Université n'est pas
« prête en 1875, et cependant M. Laboulaye ne craint pas de
« la mettre en face de l'invasion romaine! »

On ne peut faire un aveu plus naïf. Quand les républicains prétendaient que la concurrence abaisserait le niveau des études, quand ils affectaient de se préoccuper de l'intérêt des sciences, ce n'était donc qu'une pure comédie.

Mais la *République française* est plus nette encore : elle repousse la liberté de l'enseignement parce que les catholiques doivent en profiter, parce que la liberté peut être dangereuse pour l'avenir du radicalisme.

« Qui donc oserait nier, s'écrie-t-elle, le mal causé par la
« loi de 1850? Qui donc oserait dire que l'esprit de la bour-
« geoisie n'a pas été ravagé depuis vingt-cinq ans par cette
« liberté de l'enseignement secondaire accordée aux jé-
« suites?

« L'erreur de beaucoup de nos pères a été de ne considérer
« les jésuites que comme des professeurs et de n'étudier que
« leur pédagogie. Ils les ont vus bons pédagogues, bons lati-
« nistes, mais il y a quelque chose qu'ils n'ont pas vu : c'est

« que les révérends Pères sont les agents d'une politique « qui est l'ennemie des idées de la France de 1789. »

Nous ne perdrons pas notre temps à discuter toutes ces absurdités. Mais de telles violences nous paraissent singulièrement instructives. Rien ne peut mieux éclairer les conservateurs sur l'obligation qui s'impose à eux de doter la France d'une liberté aussi essentielle.

Rien, aussi, ne peut mieux faire connaître au pays, les véritables sentiments du parti républicain pour la liberté.

Mgr Dupanloup s'était écrié dans la séance du 5 décembre 1874 : « Vous n'êtes pas des libéraux, mais des *libérâtres*, comme on dit d'une mauvaise mère, une *marâtre !* »

La flétrissure restera. Et dès ce jour, entre la revendication libérale des conservateurs, et la doctrine jacobine du monopole, le pays peut se prononcer.

LA LOI SUR LA PRESSE ET LA RÉVISION.

Le parti républicain a montré ce qu'était son libéralisme dans la loi sur l'enseignement; il montre par le projet de la Commission présidée par M. Dufaure, comment il entend la liberté de la discussion dans la presse.

Ainsi, l'article 1er stipule *que toute attaque contre le principe ou la forme du gouvernement républicain sera punie d'un emprisonnement de deux mois à trois ans.* Et, d'après l'article 2, *toute pétition, toute proposition ou tout vœu, ayant pour objet la modification des lois constitutionnelles, sont interdits sous la peine d'une amende de* 500 *à* 10 000 *francs.* Trois ans de prison! 10 000 francs d'amende si l'on trouve imparfaite l'œuvre de MM. Dufaure et Wallon! On ne peut être plus libéral! Mais édicter de semblables dispositions, ce n'est pas seulement faire une loi draconienne, c'est aller au delà des termes de la Constitution, c'est violer l'article 8 de la loi Wallon.

Aussi, voulons-nous espérer que le ministère refusera son approbation aux articles 1 et 2 du projet Dufaure, et que l'Assemblée, tout au moins, supprimera ces dispositions inconstitutionnelles.

M. Wallon, l'auteur de la Constitution du 25 février, n'entendait certainement pas leurrer le pays, lorsque en pleine Sorbonne il déclarait que l'article 8 accordait le droit de *révision en tout ou en partie*, et laissait la voie libre à toutes les aspirations politiques. — Or, ces aspirations ont-elles un autre moyen de se produire qu'à l'aide de la presse? Comment *la forme même du gouvernement*, comme le disait le rapporteur M. Paris, serait-elle l'objet d'une révision si elle ne pouvait être discutée par la presse? — Le droit de révision n'appartient qu'à la représentation nationale, écrivent en ce moment les radicaux, et ni la presse ni les électeurs ne peuvent en demander l'application. — Sans doute ce sont les Chambres qui demanderont la révision. Mais qui donc nomme les députés? N'est-ce pas nous « peuple souverain », comme dit la *République française?* Et nous n'aurions pas le droit de débattre cette question de révision, avant de donner leur mandat à ces députés! Contraindre la presse au mutisme, c'est donc faire disparaître l'article 8 de la loi Wallon.

« C'est bien d'aimer la Constitution; mais encore siérait-il
« de l'aimer dans les limites qui lui sont tracées par la loi, et
« et non jusqu'à la violer. Prétendre interdire à la presse,
« c'est-à-dire au pays, le droit de discuter la République,
« c'est, en effet, commettre un attentat contre la Constitution,
« laquelle s'est elle-même proclamée révisable, par consé-
« quent soumise à la critique de tous. Elle n'a même été vo-
« tée que sous le bénéfice de cette réserve, et la suppression
« indirecte de cette clause serait non-seulement une confis-
« cation du libre arbitre de la nation, mais un véritable dé-

« tournement de la volonté constituante de l'Assemblée au « profit d'un parti. »

Ainsi s'exprime excellemment *Paris-Journal*. Et, nous le répétons, une loi qui ferme la porte à la révision et la place hors de tout débat, qui, par le fait même, est contraire à l'esprit et à la lettre de la Constitution, une telle loi ne peut être admise par le ministère, ni votée par l'Assemblée.

LA MAJORITÉ CONSERVATRICE.

L'ancienne réunion Saint-Marc-Girardin, le centre droit, autrement dit, est divisé, depuis le 25 février, en trois groupes bien distincts.

Le groupe de Clercq — centre droit *monarchique;*

Le groupe Bocher — centre droit *libéral;*

Le groupe de Lavergne — centre droit *constitutionnel.*

M. de Clercq et ses amis, après avoir voté contre la Constitution Wallon, le 25 février, restent unis avec les droites pour combattre la politique républicaine; tandis que la réunion formée par M. de Lavergne s'est donné pour mission de favoriser et de défendre cette politique.

Le groupe orléaniste de M. Bocher se tient entre les deux : il ne refuse pas de tendre la main au centre droit monarchique, mais il accepte celle du centre droit constitutionnel.

C'est ainsi qu'au sujet de la reconstitution de l'ancienne majorité, il s'efface, il se réserve, il ne répond ni oui ni non.

Nous espérons cependant que peu à peu la lumière se fera dans l'esprit de MM. Bocher, Lambert-Sainte-Croix et autres ralliés du 25 février.

Ces messieurs finiront par comprendre que leur passé,

leurs apirations politiques, tout les sépare de leurs nouveaux amis et les rapproche des monarchistes libéraux, les de Kerdrel, les Depeyre, les Rességuier, les Baragnon.

M. le duc d'Audiffret-Pasquier, auprès duquel s'inspire, en ce moment, le groupe Bocher, s'était exprimé ainsi, le 14 décembre 1872, en parlant des radicaux :

« Pour en finir, Messieurs, *je considère les radicaux comme « le parti de la destruction, et nous comme le parti de la réédifi-« cation.* Je vous demande si après quatre-vingts ans de ré-« volutions, il n'est pas temps de nous arrêter ? N'est-il pas « temps pour nous tous conservateurs libéraux, de réparer « nos désastres, de réédifier et d'accomplir l'œuvre patrioti-« que à laquelle le pays nous a conviés en nous envoyant « ici ?.... Si jamais les doctrines que je combats viennent à « triompher, je me consolerais d'être leur victime, mais *je « ne pourrais me pardonner d'avoir été leur complice !* »

Ces belles paroles, M. le duc Pasquier les avait donc oubliées, lorsque, le 25 février, il poussait ses amis à voter la République, en compagnie des « *radicaux* ». Nous le pensons, car l'honorable président n'est pas homme à devenir le « *complice* » de ceux dont il a été toute sa vie le fougueux adversaire, l'ennemi implacable. Mais une circonstance s'offre à lui de réparer son oubli malheureux.

On s'occupe en ce moment de reformer l'ancienne majorité du 24 mai et du 20 novembre, cette majorité conservatrice qui a eu l'honneur de s'opposer à l'envahissement du radicalisme légal. Que M. le duc d'Audiffret-Pasquier mette sa grande et légitime influence au service des idées conservatrices, qu'il ne permette plus aux coalisés du 25 février d'user de son nom.

Le vote des amendements Chesnelong et Paris a montré que sur le terrain social et religieux, il y avait toujours à l'Assemblée de 1871 une majorité considérable.

Espérons que cette majorité finira par se retrouver sur le terrain politique.

LA RÉPUBLIQUE SELON M. LOUIS BLANC.

MM. Louis Blanc, Madier de Montjau et autres fidèles de la tradition républicaine, viennent de nous dire ce qu'ils pensent de la Constitution Wallon. Suivant eux, le vote du 25 février a institué un régime contradictoire et plein d'équivoques, un gouvernement bâtard dont le nom est républicain, dont l'organisme est monarchique. « Il ne reste rien « de la République, a dit M. Louis Blanc, rien, si ce n'est le « *mot*, pour mieux couvrir aux yeux du peuple l'absence de « la *chose*. »

M. Louis Blanc dit vrai, il est logique : il ne veut pas une République emmaillottée dans des institutions antirépublicaines, il ne veut pas la prédominance du pouvoir exécutif sur le pouvoir législatif. On est républicain ou on ne l'est pas.

Et si on est républicain, on ne doit reconnaître au Président ni le droit de convoquer l'Assemblée, ni le droit de la dissoudre, ni le droit de prononcer la clôture de ses débats, ni le droit de l'ajourner.

Si on est républicain, on ne peut pas admettre que l'exercice de la souveraineté nationale reste suspendu pendant sept ans, relativement à la désignation du chef de l'État; on ne peut pas accepter le privilége de la réégibilité qui fait du Président un roi viager; on ne peut pas, enfin, voter une République avec deux Chambres, c'est-à-dire en révolte ouverte avec la tradition de 1793 et de 1848.

M. Louis Blanc a ajouté :

« En vertu de la Constitution du 25 février, le Président « de la République est, sauf le cas de haute trahison, irres« ponsable comme un roi; il a le droit de grâce comme un « roi ; il a, concurremment avec deux Chambres, l'initiative

« des lois, que Louis XVI n'avait pas; il est reçu, non-seu-
« lement à disposer de la force armée, mais à la commander
« en personne; — bref, nous avons un roi moins l'héré-
« dité. »

Certes, les « habiles » comme M. Gambetta n'ont pas, sur cette œuvre informe du 25 février, des sentiments opposés à ceux qu'ont exprimés les « puritains » comme M. Louis Blanc.

Les jeunes de 1870 désirent, autant que les vieux de 1848, une bonne République démocratique, radicale, sociale, laïque et obligatoire.

Mais ils savent feindre et dissimuler pour arriver au but réel.

Les alliés du 25 février n'ont eu qu'un souci : se jouer et se tromper. Au centre droit comme à gauche, l'on s'est cru les plus habiles. La gauche a voté la Constitution Wallon pour arriver à la République *vraie;* le centre droit s'est imaginé garder pour lui le bénéfice de la fin.

Mais qu'on le sache bien, si dans ce jeu imprudent, la gauche triomphe, le lendemain du jour de leur succès MM. Gambetta, Challemel, tous les « habiles » renverseront brutalement l'œuvre de M. Wallon, établiront la République radicale, en disant alors ce que dit aujourd'hui M. Louis Blanc : « Il ne suffit pas, pour que la République « soit fondée, qu'elle soit nominativement établie. *L'essentiel* « est que son organisation corresponde à sa nature. » Pour éviter un semblable malheur, que faire? Reconstituer simplement l'ancienne majorité conservatrice du 24 mai, et agir dans la limite des garanties légales que la révision nous octroie.

Le discours de M. Louis Blanc est bien fait, ce nous semble, pour éclairer définitivement les naïfs du centre droit constitutionnel. Ils peuvent voir dès à présent l'avenir qui les attend, s'ils favorisent plus longtemps la politique républicaine du 25 février.

Si la *République française* et autres feuilles génoises blâment amèrement le discours de M. Louis Blanc, c'est qu'elles redoutent l'effet produit. Telle est, qu'on en soit bien persuadé, la seule cause de leurs attaques.

LA RÉPUBLIQUE, LA VRAIE.

Le défenseur des vrais principes républicains, des vraies doctrines démocratiques, disait il y a quelques jours :

« La nation, dans une République, étant le souverain, la « loi étant l'expression de sa volonté, les législateurs étant « ses mandataires, toute atteinte portée au pouvoir législatif « est une atteinte portée à la souveraineté de la nation. »

Rien n'est plus évident, et nous sommes forcé de reconnaître que le réquisitoire de M. Louis Blanc, « *cette vieille* « *barbe de* 1848,» comme disent les *Débats*, est pleine de force, de logique et de vérité.... républicaine. Un gouvernement dans lequel l'exécutif prédomine sur le législatif, ne mérite pas, en effet, le nom de : *République*. C'est une présidence monarchique, une monarchie viagère, un stathoudérat ; c'est tout ce que l'on veut, hormis une République. Le principe nécessaire de la République, c'est la souveraineté du peuple ; il faut donc que, dans un État républicain, toutes les dispositions constitutionnelles soient en harmonie avec ce principe.

Aussi, M. Madier de Montjau avait absolument raison quand il s'écriait :

« C'est là ce que vous appelez la République ! Non ! c'est « la négation de la République. Ce n'est pas la démo- « cratie, ce n'est pas la supériorité de la volonté de tous

« sur la volonté d'un seul, c'est la Monarchie sous une autre « forme. »

Oui, la Monarchie, mais sans ses avantages, sans hérédité ; la Monarchie dont Lafayette a dit qu'elle était : « *La « meilleure des Républiques,* » et M. Laboulaye : « *La pire des « Monarchies.* »

C'est un système mixte, bâtard, formé d'emprunts faits à la République et à la Monarchie, et qui joint à tous les périls de la meilleure des Républiques tous les inconvénients de la pire des Monarchies.

La meilleure des Républiques ! une République « *incom- « plète !* » Voilà bien ce qu'ont voulu faire les modérés comme M. Laboulaye, et c'est ce qu'acceptent, temporairement, les habiles de la gauche. « *L'essentiel,* dit M. Gambetta « dans son journal, *est de posséder un instrument à la faveur « duquel on pourra s'élever graduellement aux réformes ambi- « tionnées. A chaque jour suffit sa peine.* »

On ne peut être plus franc. Nous n'avions donc pas tort, ce nous semble, quand nous disions l'autre jour que la Constitution Wallon était un « *moyen* » entre les mains des gambettistes pour arriver à la vraie République, et que ce Gouvernement bizarre avait pour ennemis, non-seulement les douze ou quinze logiciens de l'extrême gauche, mais encore tous les républicains génois qui l'ont accepté à contre-cœur et faute de mieux, le 25 février. Donc, soyons-en persuadés, lorsque le moment sera venu, MM. Gambetta, Challemel, Grévy marcheront d'accord avec MM. Louis Blanc, Marcou, Peyrat, Madier de Montjau, pour changer la loi du 25 février et imposer à la France la vraie République, celle dont M. Gambetta a eu l'audace de saluer l'aurore, en s'écriant au banquet de Versailles :

« La République que veut la France ne sera pas une con-

« trefaçon de la Monarchie, elle ne sera pas la Monarchie « déguisée. Elle sera la République, la vraie! »

En présence de semblables menaces, il est bon de pousser le cri des Romains : « *Caveant Consules !* »

UNE RÉACTION INÉVITABLE.

On sait ce qui avait déterminé une partie du centre droit à s'allier aux gauches dans la journée du 25 février. C'était la peur de l'Empire d'abord, et ensuite la constatation des obstacles que mettrait l'extrême droite à organiser le Septennat.

Du moment qu'un groupe de la droite s'obstinait à suivre une politique d'isolement, d'abstention, de négation pure, et refusait de soutenir un provisoire relativement tutélaire qui abritait les espérances monarchiques, il n'y avait plus rien à faire et nous tombions entre les mains de la République ou de l'Empire. C'est ce que comprenait fort bien la *Gazette de France*, quand elle tâchait de retarder le plus possible la discussion des lois constitutionnelles. «*C'est une faute « insigne*, disait-elle, *de renverser le provisoire sans être prêt à « le remplacer par un définitif monarchique.* »

L'extrême droite resta sourde à ces sages conseils, et le centre droit, en présence de cet aveuglement, se tourna du côté de la gauche.

D'ailleurs, depuis longtemps les progrès que faisait le parti impérialiste effrayaient les parlementaires de l'Assemblée, et MM. de Broglie, d'Audiffret, Bocher, de Lavergne pensaient devoir sacrifier leur antipathie pour la forme républicaine à la nécessité d'arrêter les bonapartistes. Mais aujourd'hui les visées et l'exclusivisme des gauches paraissent avoir pour résultat un mouvement contraire dans les dispositions du centre droit. La peur de l'Empire lui a fait voter la République ; la peur du radicalisme pourrait bien le faire replier vers la droite monarchique. C'est du moins ce qui semble ressortir des lignes suivantes :

« Dans notre pensée, qui est, nous le croyons, conforme « à celle d'un grand nombre de ceux qui ont pris part au « vote du 25 février, ce vote — regrettable à plus d'un « point de vue — devait avoir cette conséquence et cet avan- « tage de ramener dans le sein du parti conservateur tous « hommes qui ne s'en étaient écartés que parce qu'ils « croyaient nécessaire de trancher sans délai, dans le sens « républicain, la question de la forme politique du Gouver- « nement. Conservateurs par essence, républicains seule- « ment par nécessité et par occasion, ces hommes ne ces- « saient de nous dire que, pour peu qu'on leur accordât la « République, ils se montreraient aussi et plus conserva- « teurs que nous, c'est-à-dire autant et plus que nous en- « nemis des principes et des passions du radicalisme. Le « vote du 25 février leur donnant satisfaction, nous pen- « sions les voir rentrer dans le sein du parti conservateur. »

Mais pas du tout, après comme avant, le centre gauche a marché à côté des radicaux, et il nous a fait savoir que son alliance avec le radicalisme subsistait entière et intime.

« Cette attitude prise par la nuance de la gauche qui se « donnait pour la plus modérée, produit dans les rangs de « l'ancienne majorité conservatrice un contre-coup qu'il « était aisé de prévoir. Tel conservateur, en effet, du centre « droit ou du groupe Lavergne, qui s'est résigné à la consti- « tution républicaine du 25 février, à la condition qu'elle « soit appliquée par des mains conservatrices, ne se soucie « nullement de conclure au pied d'un autel auquel il n'ap- « porte déjà que des hommages assez froids, une alliance « solennelle avec le radicalisme.

« Le zèle de nos républicains, qui n'était pas déjà trop ar-
« dent, s'est sensiblement refroidi. *En un mot, le maintien*
« *de la coalition des gauches prépare la résurrection de la coali-*
« *tion des droites. C'est une réaction inévitable.* »

Le journal qui parle ainsi est le *Français*, organe de la fraction du centre droit, dont le chef véritable est M. de Broglie. Il est donc superflu de faire remarquer l'importance de cette déclaration.

Après le défi porté aux radicaux, du haut de la tribune, par le premier ministre, M. Buffet, voilà, adressée au centre gauche par M. de Broglie, une menace dont nous prenons acte.

LES CHEVAU-LÉGERS.

Sous ce titre : « *les Chevau-Légers,* » M. Saint-Genest vient d'écrire dans le *Figaro* un article dirigé contre l'extrême droite, auquel ont répondu MM. de Lorgeril, de Franclieu et du Temple.

« Je m'adresse, dit le fougueux écrivain, non pas au *vrai*
« *parti monarchique* qui ramène pendant que vous éloignez,
« non pas aux disciples des Martignac et des Berryer. Non!
« mais je m'adresse à ce groupe qui, après avoir perdu la
« cause de l'aïeul, compromet si gravement la cause du petit-
« fils! ce groupe d'hommes convaincus, mais insensés, dont
« le dogme est de ne jamais se préoccuper des moyens, de
« proclamer un principe absolu, sans considérer ni les
« temps, ni les événements. »

Puis, M. Saint-Genest montre le mal que fait « *ce groupe* » à la royauté, et, au milieu de certaines exagérations, de certaines violences, il s'exprime ainsi :

« Si nos ancêtres avaient suivi un pareil dogme, la Monar« chie légitime aurait depuis longtemps disparu de la France. « Si Henri IV, le huguenot Henri IV, était resté dans son « comté de Béarn en répétant : « Voici ma volonté souve« raine; j'attends que les Guises se soumettent, que les li« gueurs, les catholiques et les politiques reconnaissent mon « droit.... » il ne serait pas monté sur le trône, et peut-être « aurait-il laissé périr le pays.

« Si, après nos désastres, Louis XVIII avait dit : « Jamais « je ne subirai les généraux de l'usurpateur, je ne ferai aucune « concession ni aux événements ni au temps.... » Louis XVIII « serait mort en exil, et la France aurait été démembrée.

« Henri IV et Louis XVIII ont sauvé la France par des « concessions. M. le comte de Chambord a refusé de le faire. « Lui est absolument irresponsable. Parti de France tout « enfant, il ne pouvait être renseigné que par ses fidèles; « c'est vous qui l'avez trompé; c'est sur vous que retombera « tout le poids de ce qui s'est passé !

« Et cependant, jamais pour vous la tâche n'avait été si « facile. Ce n'était pas comme en 1815 où le roi rentrait en « même temps que l'étranger, au bras de l'assassin de son « frère, et conduit par un évêque défroqué.... Non, cette fois « votre prince rentrait au bras du chevalier sans peur et « sans reproche, acclamé par l'armée que d'effroyables dé« sastres avaient, à ce moment, éloignée de l'Empire. Il n'y « avait rien à faire.... il n'y avait qu'à laisser faire; en un « mot, qu'à ne pas s'opposer au triomphe de votre propre « parti; et cela vous ne l'avez pas pu !...

« Vous aurez à la fois à rendre compte et de la restaura« tion que vous aurez empêchée, et de la République que « vous aurez établie ! Car le vote du 25 février *c'est votre « œuvre !* Sans vous le Septennat du duc de Broglie était voté, « et la République évitée ! »

Nous sommes bien forcé de reconnaître que tout cela est parfaitement exact : par suite d'une politique avec laquelle il n'y a ni raisonnement, ni faits, les plus honnêtes gens du monde nous ont conduits.... à la République du 25 février!

S'en apercevront-ils à la fin? M. de Franclieu vient d'avertir le *Figaro* qu'il refuse de suivre M. Buffet. Mais nous espérons que l'honorable député ne parle qu'en son nom, et que son opinion n'engage pas le groupe dont il fait partie.

L'extrême droite voudra-t-elle se séparer une fois encore de la droite modérée dans la discussion sur les pouvoirs publics?

Avant de prendre une détermination aussi grave, les Chevau-Légers feront bien d'ouvrir l'oreille : ils entendront les applaudissements que leur donnent les feuilles radicales, et seront éclairés par ces démonstrations de leurs plus mortels ennemis.

UN MOT SUR LA SÉANCE DU 7 JUILLET.

Dans la séance du 21 juin, MM. Louis Blanc et Madier de Montjau avaient cru devoir protester contre la *République bizarre* du 25 février. Mercredi dernier, M. Marcou a voulu dire, à son tour, ce qu'il pense de cette *œuvre hétérogène*, de ce *fait illogique et monstrueux*.

« Nous avons besoin de savoir, s'est écrié le député radi-
« cal, si vous avez entendu établir une République démocra-
« tique ou une République monarchique. Si votre République
« doit nous conduire à une restauration monarchique, il est
« évident que vous êtes conséquent. Mais ayez donc le cou-
« rage de l'avouer! Vous ne l'avez pas! Vous employez les
« moyens détournés. Eh bien, messieurs, il faut aujourd'hui

« que le voile se déchire! Cette République a été votée en « silence : personne ne s'est expliqué sur ses intentions, sur « ses projets de l'avenir; chacun a conservé ses visées ulté- « rieures!.

« Le fauteuil présidentiel du Sénat, sur lequel j'aperçois « assis un prince, ressemble bien à un trône. Quand on croira « le moment venu, on appellera un tapissier, on dressera « quatre planches, on y jettera un tapis brodé et la monar- « chie sera rétablie!... »

Jamais critique plus acerbe n'a été dirigée contre l'œuvre du 25 février. Jamais les habiles de la gauche n'ont été plus malmenés et plus sévèrement jugés.

D'ailleurs, au point de vue républicain, M. Marcou est absolument dans le vrai; et ce qui l'exaspère si fort, est, justement, ce qui a décidé le centre droit à voter la République de M. Wallon.

Mais cette Constitution, qui sera promulguée aussitôt après la dissolution, deviendra fatalement le champ de bataille des conservateurs ralliés et des républicains. Ceux qui n'y voient qu'un écriteau, les gambettistes, travailleront avec ardeur à mettre d'accord la chose avec le nom; tandis que les monarchistes du centre droit feront tout pour résister au mouvement républicain.

Reste à savoir qui triomphera!

La droite modérée vient, il est vrai, de rendre un service signalé à la cause conservatrice en prêtant son concours au Gouvernement et au centre droit, et en votant, non pas l'organisation de la République, comme certains exagérés le prétendent, mais l'ensemble des lois d'ordre qui doivent garantir la France contre cette République.

Au nom de cent députés royalistes de la réunion Colbert, M. de Kerdrel a lu la déclaration suivante :

« Nous n'avons pas voté la loi du 25 février, par laquelle « est fondée la République. Fermement convaincus que la

« monarchie héréditaire et constitutionnelle est le gouver-
« nement qui convient le mieux aux intérêts du pays, à ses
« traditions, et qui peut le mieux assurer sa sécurité au de-
« dans et au dehors, nous n'avons pas cru devoir adhérer au
« Gouvernement républicain.

« D'autres ont pensé qu'en soumettant la République à
« une clause de révision, ils pouvaient la voter. Nous n'a-
« vons pas à récriminer contre ce vote; nous savons tous que
« dans la vie publique, il y a des heures troublées où les
« esprits les plus fermes se demandent de quel côté est le
« devoir qui commande. »

« Cette dissidence entre les hommes qu'anime un même
« amour du pays, et qui, au fond, restent attachés à une con-
« viction politique commune, n'a plus de raison d'être au-
« jourd'hui, qu'il ne s'agit plus de fonder un gouvernement
« établi jusqu'au jour où le droit de révision pourra être
« exercé.

« Dans ce débat, où sont engagés les principes conserva-
« teurs, nous ne pouvons pas être indifférents : et plus nous
« sommes convaincus des dangers que la République fait
« courir au pays, plus nous devons nous efforcer de les
« écarter. »

Cette conduite profondément honnête et patriotique est en même temps sage et habile, car elle prépare la reconstitution de l'ancienne majorité; et c'est ce qui fait pousser aux républicains des cris de rage. Écoutons le *Rappel :*

« Excepté le petit nombre qui s'entête dans la franchise
« et la droiture, les autres ont compris la beauté de ce qu'en
« stratégie on appelle les mouvements tournants. C'est un
« de ces mouvements que vient d'opérer la droite modérée.

« En votant pour la République, ce n'est pas pour la Ré-
« publique que les royalistes ont voté. Ils y sont entrés
« comme on s'introduit adroitement dans une place pour la
« livrer aux assiégeants. »

Les aveux et la colère des feuilles républicaines montrent à M. de Kerdrel et à ses amis de la droite modérée, combien leur politique est favorable aux intérêts conservateurs.

N'est-ce pas M. Louis Blanc qui écrivait, le mois dernier, à l'adresse des « *habiles* », ces lignes significatives :

« Le centre droit les a amenés à se contenter en fait de « république, du *mot*, alors qu'ils perdaient la *chose*. Les ha- « biles, en tout ceci, les gens pratiques, ce sont les roya- « listes. »

LA RÉVISION ET LE CENTRE DROIT.

Dans son discours du 14 juillet, M. Rouher, ayant à parler de la révision et des monarchistes du centre droit, s'exprimait ainsi :

« Le parti monarchique a-t-il donc fait l'abandon de ses « convictions en acceptant la forme gouvernementale établie « le 25 février? Je ne le crois pas.

« L'honorable duc de Broglie, et tous les hommes de la « droite, en acceptant la loi constitutionnelle du 25 février, « ont ajourné leurs espérances dans le droit de révision. « Tous se sont réfugiés là; tous espèrent que, à un moment « donné, dans cette loi de transaction, ils pourront dire un « jour : « le roi », au lieu du « président de la République ». « Pour eux, le droit de révision, c'est la cause de leur con- « sentement : ils n'ont pas abdiqué, ils se résignent, ils at- « tendent. »

M. Rouher n'a jamais dit chose plus vraie. Oui, les monarchistes du centre droit ont conservé toutes leurs convictions, toutes leurs espérances. En votant la Constitution du 25 février, MM. de Broglie, de Chabaud-Latour et leurs amis ont entendu accepter une république essentiellement conditionnelle, révisable, résiliable à volonté; et c'est pourquoi ils ont couvert d'applaudissements M. de Kerdrel, lorsque l'honorable député est venu dire à la tribune : « Royalistes de droite et royalistes du centre droit, au fond, restent attachés à une même conviction politique, à la monarchie héréditaire et constitutionnelle ! »

LA REVANCHE DU 25 FÉVRIER.

« La revanche du 25 février est accomplie ! »

C'est la *France* qui le dit, et la *France* a raison.

Après les discours de MM. Savary, Buffet et Dufaure, il était évident que l'Assemblée aurait voté, dans la fameuse séance du 15 juillet, un ordre du jour énergique visant le parti bonapartiste.... si M. Gambetta était resté à sa place. Mais l'avocat génois a la manie de parler. Il est donc monté à la tribune, et, par une insigne maladresse, déplaçant la discussion de terrain, il a couvert la retraite de ses ennemis les bonapartistes ! Quels remercîments lui doivent MM. Rouher et Haentjens !

Ce dont il y a lieu de se réjouir, du reste, c'est que M. Gambetta ait du même coup brisé la majorité du 25 février, reconstitué celle du 24 mai, et consolidé le Cabinet qu'il voulait renverser. Quel habile homme !

La *Gazette de France* s'exprime ainsi :

« M. Gambetta a prouvé au Gouvernement que l'œuvre « du 25 février était ruinée sans retour.

« Le Cabinet a eu les gauches contre lui. Il n'a plus d'ap-

« pui que dans les groupes monarchiques. Nous espérons « que c'est le point de départ d'une politique nouvelle. »

La majorité des 446 voix qui a donné raison à M. Buffet, réunit en effet toutes les droites : extrême droite, droite modérée, centre droit de Broglie, centre droit Bocher, centre droit de Lavergne.

MM. de la Rochette et de Belcastel votant avec MM. Bocher et de Lavergne ! M. d'Haussonville votant avec M. Ernoul ! Quel heureux retour !

Et c'est à M. Gambetta que nous le devons, c'est M. Gambetta qui reforme la majorité conservatrice ! Merci !

Déjà une majorité de cinquante voix s'était formée pour doter la France de la liberté de l'enseignement supérieur. Nous avions vu avec bonheur tous les conservateurs de la Chambre marcher d'accord et gagner la bataille sur le terrain social et religieux.

Mais dans l'ordre politique ils restaient divisés. Ils ne le sont plus.

M. Gambetta n'a qu'à se bien tenir. Sa position de chef des gauches est fortement compromise. Et les républicains finiront peut-être par préférer à l'habileté de l'ex-dictateur, la logique de M. Louis Blanc.

JUSTICE !

Quoi qu'on fasse et dise, l'Assemblée du 8 février renferme encore une vraie majorité de quatre cents conservateurs décidés à combattre la République des républicains : le vote du 15 juillet l'a suffisamment prouvé.

Aussi le *Monde* a-t-il grandement raison de protester contre certaines attaques injustes, et de dire : « Cette Assemblée

« était faite pour guérir la France au point de vue social et « politique; elle était digne de cette grande tâche. *Il y a au-« tant de malheurs que de fautes dans ses erreurs.* Elle a du moins « voulu sincèrement ce qu'elle n'a pas fait. » Oui, l'histoire aura un jour à dégager la part de responsabilité qui revient à chacun. Elle jugera d'abord avec sévérité les Dufaure, les C. Périer, les de Salvandy, les de Maleville, les Duchâtel, tous ces hommes qui, nommés par les monarchistes, comme monarchistes, ont abandonné leur cause pour suivre M. Thiers et aider ce funeste vieillard à fonder sa République.

Mais elle tiendra certainement compte au grand parti monarchique des tentatives, que bien des circonstances indépendantes de sa volonté ont fait échouer. Elle aura à rechercher quels motifs l'ont rendu impuissant, au point de vue politique ; elle dira si tous ceux qui avaient, en dehors et au-dessus de l'Assemblée, des devoirs à remplir, des sacrifices à faire, ont compris le rôle que la France attendait de leur patriotisme et de leur intelligence. D'ailleurs, n'eût-elle voté que la loi sur la liberté de l'enseignement supérieur, l'Assemblée mériterait encore la reconnaissance du pays.

Puisque, étant donné notre désarroi actuel en matière de principes politiques, l'État ne peut s'appeler que d'un nom : le hasard, un devoir impérieux s'imposait aux députés conservateurs, c'était de détruire le monopole du haut enseignement susceptible de tomber entre des mains républicaines; c'était d'élever, au nom de la liberté, certaines forteresses sociales, où l'on pût défendre contre les caprices de la foule la vérité et le droit. Ce devoir, la droite l'a rempli malgré les clameurs et les imprécations des républicains. Elle a voté bravement « *la loi la plus antirévolutionnaire qui ait été faite « depuis quatre-vingts ans* ». C'est la *République française* qui l'avoue, et cet aveu montre la portée immense de la réforme que vient de réaliser l'Assemblée nationale.

LES RÉPUBLICAINS EN DÉROUTE.

Dans une lettre adressée au *Petit Lyonnais*, journal socialiste de Lyon, M. Louis Blanc juge ainsi la séance du 15 juillet :

« Ce qui est certain, c'est que la situation parlementaire « née du vote des lois constitutionnelles a subi le 15 juillet « une modification profonde; c'est que la résurrection d'une « majorité de droite est devenue tout au moins probable.

« Que reste-t-il donc de la politique qui a conduit au vote « des lois constitutionnelles ? Il reste une majorité menaçante, « le cléricalisme triomphant, la dissolution retardée, et enfin « une Constitution dans laquelle la République est chargée de « liens que la prochaine Assemblée sera impuissante à dé- « nouer.

« Donc pas d'illusions ! Le mal est grand. »

M. Louis Blanc a, au moins, le mérite de la franchise. Il reconnaît hautement que la coalition passagère des gauches et du centre droit *libéral* n'existe plus, il avoue que l'équivoque du 25 février a cessé.

Tous les républicains n'agissent pas de même.

On ne saurait, en effet, imaginer les fables absurdes que colportent certaines feuilles radicales pour mettre, sans doute, du baume sur les blessures de la gauche. N'a-t-on pas été jusqu'à dire qu'une fraction du centre droit, effrayée des tendances *impérialistes* (!!) de M. Buffet, avait l'intention de renverser le ministère, d'accord avec les radicaux? N'a-t-on pas eu l'audace de prêter à M. le duc d'Aumale et à M. d'Audiffret-Pasquier des sentiments de haine et de vengeance? En dépit de ces racontars indignes, le centre droit tout entier reste l'une des fractions les plus dévouées de la majorité conservatrice du 15 juillet.

M. le vice-président du conseil répondait l'autre jour à M. René Brice : « Il y a eu le 15 juillet une grande majorité, « et j'espère qu'elle se maintiendra ! »

La majorité actuelle est bien, en effet, l'œuvre de l'honorable M. Buffet. Expulser les radicaux et les remplacer par les conservateurs dissidents du 25 février, c'était là ce que M. Buffet cherchait depuis la formation du ministère. Il avait essayé à plusieurs reprises, mais en vain, de se brouiller avec les gauches. L'imprudent discours de M. Gambetta lui fournit l'occasion désirée : les républicains se posent en adversaires du ministère, et une majorité de 400 conservateurs se rallie au Gouvernement.

Depuis lors, la déroute des républicains est complète. Autant de combats, autant de défaites.

Battus sur la proposition Malartre, battus sur l'amendement Raoul Duval, battus sur l'interpellation Tardieu, battus sur la motion Madier de Montjau ! Plus ils essayent de reprendre l'avantage, plus ils s'enfoncent ! Et pour comble de malheur, les gauches se disloquent. Elles s'étaient coalisées dans le but de renverser le Gouvernement monarchique du 20 novembre ; mais une fois ce résultat obtenu par le vote du 25 février, la division s'est mise dans leurs rangs, comme pendant la Commune, comme lors des élections de Paris.

Ils étaient 5, il y a six mois, ces puritains farouches qui refusaient de suivre la politique de Gambetta ; 22, il y a trois mois ; 49, il y a quinze jours : aujourd'hui ils sont 84 ; et demain, sous la pression des masses radicales, ils seront la majorité des gauches.

Au sujet du vote des 84, l'*Événement*, organe des *purs*, s'exprime ainsi :

« Il y a donc en tout 84 républicains qui ont eu, jusqu'au « bout, le courage de leur opinion. 150 environ se « sont renfermés dans une prudente abstention. Quoi qu'en « puissent dire certains politiques qui se piquent d'être de « grands manœuvriers et qui, de transactions en concessions

« ont fini par laisser le centre droit maître d'une grande
« partie du terrain, cette dernière sommation n'était pas
« absolument inutile. »

A quoi la *République française*, feuille de M. Gambetta et des habiles de gauche, répond :

« Il a paru expédient à l'honorable M. Madier de Montjau
« de se poser en paladin de la dissolution, sans consulter
« personne. La France républicaine ne désire pas moins la
« dissolution que M. Madier de Montjau. En blâmant, comme
« elle le mérite, une proposition non concertée entre tous
« les républicains, elle compte que cet échec démontrera la
« nécessité de l'accord préalable dans toutes les questions
« qui touchent aux intérêts de la démocratie. »

Voilà où en est le parti républicain cinq mois après le vote du 25 février ! Déjà la gauche et l'extrême gauche se disputent la République !

La République, c'est, en effet, l'anarchie. Et l'*Union* a raison de dire qu'un pareil régime condamné à mort dès qu'il a pris naissance est « *une succession ouverte pour la Monarchie.* »

VOUS ÊTES DIVISÉS.

Bien des fois, depuis le jour où l'extrême droite et les bonapartistes commirent la mauvaise action de voter contre le ministère de Broglie-Depeyre, nous avons eu la tristesse d'opposer à l'admirable discipline des gauches les divisions du parti conservateur.

Mais aujourd'hui tout est changé.

La loyale déclaration de M. de Kerdrel et la séance du 15 juillet ont reformé l'ancienne majorité conservatrice, tandis que les gauches offrent à leur tour le spectacle d'une dislocation profonde dont nous avons le droit de nous réjouir et de profiter. L'autre jour, c'était le centre gauche qui se séparait des radicaux et refusait de suivre aveuglément les ordres de MM. Gambetta et Brisson. Aujourd'hui, ce sont les intransigeants de l'extrême gauche qui, dans l'*Événement*, exposent leurs griefs et font un procès en règle à la politique gambettiste.

La fameuse entente entre les trois groupes républicains est donc absolument rompue, définitivement détruite. Ce parti, hier encore si uni, n'est plus que la cour du roi Pétaud!

Il est intéressant, croyons-nous, de connaître l'origine de cette crise née au sein de l'opposition. Les premiers symptômes de ce déchirement, dit *Paris-Journal*, remontent au commencement de l'année, lorsque cinq ou six intransigeants, avec Louis Blanc à leur tête, se révoltèrent contre la tyrannie gambettiste. Encore, ne représentèrent-ils à cette époque que de timides observations qui se traduisirent à la tribune par un discours fort anodin de M. Louis Blanc. Ces réfractaires s'appelaient alors Marcou, Peyrat, Madier de Montjau et Quinet. — M. Lockroy lui-même et M. Tolain n'en étaient pas!...

Qu'arriva t-il? on les tança de résistance. Challemel, pédagogue de la *République française*, prit sa férule et cingla les cinq jusqu'au sang. Une telle façon de procéder aurait pu décourager toutes les tentatives de résistance; mais pas du tout, le *Rappel* abrita M. Louis Blanc, et bientôt un journal de province, la *Fraternité*, arbora le drapeau des dissidents.

A partir de ce jour, la scission s'agrandit. M. Madier de Montjau et M. Marcou montèrent à la tribune et, renouvelant la tentative de M. Louis Blanc, en appelèrent, eux aussi, contre la politique de l'ex-dictateur. Le *Petit Girondin*, le *Petit Lyonnais* firent écho à la *Fraternité*.

Et à Paris, l'*Événement* prit parti, non plus pour les cinq, mais pour les 24, car ils étaient 24 qui avaient voté l'amendement Marcou. Sérieusement alarmés, les habiles de gauche résolurent de se taire. Leur général organisa contre les intransigeants la conspiration du silence.

Mais depuis la récente campagne du terrible Madier de Montjau, il a bien fallu parler, et au silence systématique ont succédé les récriminations les plus violentes, les injures les plus.... républicaines.

Vous êtes divisés ! s'écriait autrefois M. Thiers en s'adressant aux monarchistes qu'il combattait. Cette parole, M. Buffet doit la prononcer aujourd'hui, plus justement encore, et s'en servir contre les républicains. Si le parti conservateur sait, en effet, profiter de la division de ses ennemis, il peut prendre une éclatante revanche.

L'ÉLECTION DES 75 SÉNATEURS.

On commence à s'occuper de la nomination des soixante-quinze sénateurs par l'Assemblée. Ce n'est pas à s'y prendre trop tôt, car ces élections auront une immense importance. Selon que la majorité dans le Sénat appartiendra au parti conservateur ou républicain, la direction des affaires publiques sera conservatrice ou révolutionnaire ; chacun le comprend et chacun cherche à s'entendre pour former une liste.

A l'Assemblée « *la majorité n'est pas républicaine,* » s'écrie tristement le journal *l'Événement*. Cette constatation amène naturellement le parti républicain à rechercher le concours du centre droit libéral. Ne pouvant triompher seuls, MM. Laboulaye, Ferry et Gambetta ne craignent pas de faire des ouvertures à MM. Bocher et de Lavergne. Les groupes Bocher et de Lavergne peuvent en effet faire pencher la balance dans un sens plutôt que dans l'autre.

Mais nous aimons à penser que le centre droit constitutionnel, définitivement éclairé par la séance du 15 juillet, refusera cette fois de se détacher de la majorité conservatrice pour faire triompher la minorité radicale.

C'est aux droites à composer le Sénat !

« Il est possible, dit la *Gazette*, que les différents groupes « qui forment la majorité de la droite aient quelque répu- « gnance à s'entendre pour cet objet, mais les conservateurs « seraient bien coupables s'ils faisaient passer leurs sentiments « personnels avant l'intérêt public. Trop de députés ont « déjà donné libre carrière à leurs ressentiments et écouté « leurs nerfs au lieu d'obéir à la raison. »

On ne peut mieux parler.

Si, en effet, le 16 mai 1874, les cinquante-deux d'extrême droite, trop nerveux ce jour-là, ne s'étaient pas dégagés des liens qui les unissaient à la majorité, les républicains n'auraient pu triompher. Si le 25 février, le centre droit, trop vindicatif, ne s'était pas considéré comme absolument libre et indépendant, la Constitution Wallon n'aurait pu être votée.

Un parti doit être uni et discipliné. C'est en agissant à leur gré et selon leurs caprices, que certains monarchistes ont compromis la cause conservatrice. C'est en mettant fin à ses divisions que le parti monarchique reprendra sa revanche, déjà préparée, dans la séance du 15 juillet.

LES ÉLECTIONS SÉNATORIALES ET LE PARTI CONSERVATEUR.

Nous disions un mot, l'autre jour, sur la nomination des soixante-quinze sénateurs par l'Assemblée. Certains journaux commencent maintenant à faire connaître leur opinion sur les élections du Sénat par le Corps électoral.

Qui doit-on choisir ? demande le *Journal de Paris*.

Et l'organe du centre droit libéral répond :

« Tout citoyen considérable, par son honorabilité, son intelligence, sa position, qui s'engagera à soutenir le pouvoir du Maréchal, tout candidat *constitutionnel.* » — Mais que signifie ce mot? Comment doit-on l'entendre? *Constitutionnel?* Que faut-il être, que faut-il faire pour mériter cette appellation ?

Et le *Journal de Paris* continué :

« Il ne suffit pas de soutenir la République révisable; il « faut encore soutenir le Maréchal, c'est-à-dire *le sel qui* « *doit empêcher la République rivale de se corrompre, de tourner* « *à la République définitive* réclamée par ceux qui font pro- « fession de républicanisme. On a beau se dire constitution- « nel, on n'est pas du tout constitutionnel quand, de parti « pris, on vote, en toute circonstance, contre le gouverne- « ment du Maréchal : *parce que le Maréchal est la moitié, au* « *moins de la Constitution ;* parce que, mieux encore! *la Consti-* « *tution a été faite pour le Maréchal...* En un mot, le sénateur « constitutionnel sera celui qui soutiendra en bloc la Consti- « tution jusqu'en 1880, et non celui qui soutiendra la partie « de la Constitution qui agrée à ses petits desseins, telle que la « proclamation de la République, et qui attaquera et démo- « lira la partie qui lui déplaît, telle que la personne et le « gouvernement du Maréchal. »

Cette définition du candidat *constitutionnel* n'a pas eu le don de plaire aux républicains de la *France*. Ces messieurs croyaient que le centre droit était une seconde fois disposé à s'allier à eux, ils comptaient sur le groupe Bocher pour triompher dans les élections sénatoriales.

Et voilà que l'organe officiel de ce groupe ose attaquer la République *définitive*, et se railler de cette République « *ri-* « *vale* » votée le 25 février !

Aussi la *France*, indignée, écrit :

« Comparer le Maréchal — on dit le *Maréchal* tout court — « *au sel qui doit empêcher la* RÉPUBLIQUE RIVALE *de se corrom-* « *pre, de tourner à la République définitive,* » c'est méconnaître « singulièrement les promesses faites, les engagements pris, « les paroles données ; c'est railler ce qu'on a fait, à contre- « cœur peut-être, mais enfin ce qu'on a fait et ce qu'on de- « vrait respecter.

« Faire du maréchal de Mac-Mahon le dernier boulevard « des conservateurs et leur unique sauvegarde contre la Ré- « publique définitive, c'est dénaturer son rôle, méconnaître « son caractère et dédaigner les lois ! »

Nous prenons acte, et de la déclaration du *Journal de Paris*, et de l'indignation de la *France*.

L'une et l'autre nous prouvent que l'union éphémère du 25 février est à jamais rompue.

Mais ce ne sont pas seulement les conservateurs du centre droit et les révolutionnaires de gauche qui s'attaquent et se séparent : le parti républicain se déchire lui-même.

Dans une lettre qui résume les griefs des radicaux, M. Naquet continue l'œuvre de dissolution commencée par les Louis Blanc, les Marcou, les Madier de Montjau.

« Nos amis, écrit M. Naquet, ont préféré concéder, concé- « der sans cesse, concéder toujours. J'ai cru qu'ils allaient « trop loin, et quittant le gros de l'armée, je suis venu « rejoindre les intransigeants dont j'avais eu tant de peine « à me séparer un moment. Je regrette que les gauches « n'aient pas cru devoir suivre la même ligne politique. « Puisse une dissolution prochaine donner raison contre « nous à cette politique d'abandon ! »

Toutes ces querelles ne manquent pas d'un certain intérêt. Elles nous démontrent une fois de plus que la République, c'est la confusion, l'instabilité, l'anarchie.

Elles renferment aussi un enseignement qui ne sera pas perdu, au moment des élections sénatoriales, par le parti conservateur.

Les monarchistes comprendront qu'il n'y a qu'une seule combinaison de possible, celle qui repose sur l'union de tous les groupes de droite.

LA STATUE DE CHATEAUBRIAND.

« Cette triste année de 1875 était forcée de se contredire « pour se réhabiliter. Elle aura deux fois cette bonne for- « tune aux deux extrémités de la France. Inaugurée par la « proclamation de la République, elle nous aura fait assister « à de solennels et magnifiques hommages en l'honneur des « deux plus grandes figures *monarchiques* de notre siècle : « Berryer et Chateaubriand, le grand orateur et le grand « écrivain de la Restauration. » Ainsi s'exprime la *Gazette de France*, pour annoncer les fêtes de Saint-Malo, l'hommage vraiment national rendu à la mémoire de Chateaubriand.

Bourbonnien par honneur, royaliste par raison, républicain par caractère, tel fut toujours, d'après ses propres paroles, l'illustre auteur de *la Monarchie selon la Charte*. On peut lui reprocher ses emportements d'orgueil et de rancune, on peut trouver que la mesure lui manqua souvent dans les assauts qu'il livra contre ses adversaires. Mais il faut reconnaître qu'au fond il voulut toujours : l'accord du pouvoir légitime et des institutions représentatives. Celui qui, en 1832, écrivait à la belle-fille de Charles X : « Ma- « dame, votre fils est mon roi ! » avait, un jour, osé braver la colère de Bonaparte en donnant sa démission, après l'assassinat du duc d'Enghien. Celui qui, la veille des ordonnances, déclarait vouloir rester « fidèle au roi comme à la

« Charte et à la liberté », avait en 1815 publié les *Réflexions politiques*, et présenté le programme de la Monarchie constitutionnelle.

Chateaubriand put donc dire en mourant : « Les grandes « lignes de ma vie n'ont jamais fléchi : j'ai toujours été fidèle « à la religion, à la monarchie et à la liberté ; si je n'ai pas « été semblable à moi-même dans les détails, qu'on le par- « donne à la fragilité humaine. »

Tour à tour, poëte de génie et diplomate habile, orateur éloquent et publiciste courageux, merveilleux écrivain et ministre de talent, Chateaubriand devait avoir un monument qui rappelât à la France une de ses gloires les plus pures.

Saint-Malo vient de payer sa dette.

Parmi les nombreux discours prononcés devant la statue, celui de M. le duc de Noailles doit particulièrement fixer l'attention.

Ami de Berryer et de Chateaubriand, le duc de Noailles, au nom du parti royaliste, s'est exprimé ainsi :

« Certes, on peut dire que personne plus que Chateau- « briand n'a mérité une statue. Un simple coup d'œil jeté sur « sa carrière montre en lui, non-seulement le grand chef « littéraire de notre siècle, mais le grand auteur politique « qui a tant influé sur ses destinées.

« On a vu, en effet, une triple couronne, une triple gloire « se poser sur sa tête, au moment où, après la Révolution, « une si grande place fut prise dans notre histoire par ces « trois événements : le rétablissement de la religion, la re- « naissance des lettres, la restauration de la Monarchie. « Vous avez nommé, Messieurs, *le Génie du christianisme*, *les* « *Martyrs*, et les nombreux écrits politiques à la tête des- « quels brille l'écrit intitulé : *De Bonaparte et des Bourbons*, « et celui de *la Monarchie selon la Charte*. Ce furent deux « événements.

« Après les sombres et affreux malheurs où la Révolution,

« détournée de sa première et véritable voie, avait plongé « la France, et où la religion persécutée semblait s'éteindre, « on vit, quand reparut l'aurore de jours meilleurs, l'effet « et la puissance de sa parole, l'enthousiasme et l'entraîne- « ment qu'elle excita, et *le Génie du christianisme* reconquérir « les âmes par les beautés de la religion méconnues.

« Après la stérilité littéraire dans laquelle le dix-huitième « siècle finit son cours, Chateaubriand réveilla la France, « lui fit connaître un style nouveau, et, s'adressant aux « imaginations et aux cœurs, rajeunit les formes de la litté- « rature. Après l'Empire et sa chute, Chateaubriand prit la « plume, et, comme on l'a dit alors, la brochure valut une « armée. Il rappela avec une éloquence passionnée la grande « Maison de France aux Français ; puis, le trône à peine « relevé, il en révéla le caractère nouveau, il enseigna le « vrai gouvernement représentatif. »

LA POLITIQUE DE LA DROITE.

M. le marquis de Castellane, l'un des membres les plus éminents de la droite modérée, vient de prononcer, au concours de Salers, un remarquable discours. Après avoir déploré les tristes événements qui, il y a deux ans, rendirent impossible la restauration monarchique. l'éloquent orateur expose la politique suivie par ses collègues de la réunion Colbert, et le rôle que les circonstances pourront un jour leur imposer:

« Après bien des malheurs et de cruels revers, la France « jouissait cependant alors d'un véritable bienfait ; elle pos- « sédait à la tête du pouvoir un soldat que l'estime et le « respect de ses concitoyens n'avaient jamais abandonné !

« Pouvait-on mieux faire que de se serrer autour de lui?
« Qui peut dire si cette œuvre, œuvre conservatrice par ex-
« cellence, n'était pas une dernière ressource offerte à la
« cause de ceux-là mêmes qui l'ont empêchée de voir le
« jour? Mais, devenue irréalisable sans leur concours, elle
« devait fatalement céder la place au Gouvernement qui nous
« régit aujourd'hui, à la République. »

Que de fois n'avons-nous pas exhalé de semblables plaintes? En politique, disons-nous, tout est relatif. Ne pouvant avoir la Monarchie, contentons-nous du Septennat, soutenons le Gouvernement du Maréchal, organisons ses pouvoirs, votons le projet de Broglie; sans le concours de l'extrême droite, sans l'union parfaite du parti monarchique, le Septennat ne peut vivre.... Mais, une fois la République votée, malgré l'opposition de la droite qui se devait à elle-même de laisser à d'autres une pareille responsabilité, que faire?

Et M. de Castellane répond :

« Suivait-il de là qu'ils dussent se jeter dans cette oppo-
« sition violente qui, le plus souvent, n'a pour résultat que
« de trahir la cause même qu'elle veut servir?
« Si nous avions suivi cette voie, nous n'eussions pas agi en
« hommes politiques. Nous nous sommes souvenus de ce que
« coûte à un pays l'abstention des conservateurs les mieux
« intentionnés, lorsqu'ils se retirent sur ces sommets élevés
« où l'opinion publique les laisse vieillir dans leur impuis-
« sance.
« Telle a été, Messieurs, notre attitude jusqu'à présent.
« Quant à notre rôle dans l'avenir, il ne saurait être diffé-
« rent.
« Nous assisterons en témoins inquiets, incrédules même,
« mais en témoins respectueux de l'expérience nouvelle qui
« se poursuit. Mais si, malgré tout, les esprits restaient va-
« cillants, si la République restait dépaysée en Europe,
« oh! alors, nous n'aurions pas besoin de la battre en

« brèche ; l'opinion publique nous demanderait prompte-« ment de recourir à cette clause de révision que le législa-« teur a si prudemment introduite dans la Constitution. »

On se souvient de la déclaration lue à la tribune par M. de Kerdrel, président de la droite modérée : le discours de M. de Castellane en est le complément.

Servir leur pays même sous un gouvernement qu'ils n'ont pas fait, et que les circonstances seules ont donné : tel est le programme des monarchistes libéraux, jusqu'au jour où il leur sera possible d'user de la clause de révision.

L'ASSEMBLÉE JUGÉE PAR M. DE BELCASTEL.

M. de Belcastel vient de donner une leçon de modération à ses fougueux amis de l'extrême droite. Pendant que quelques-uns d'entre eux se livrent à de stériles récriminations et à des insinuations personnelles d'un goût douteux, l'honorable député de la Haute-Garonne adresse à l'*Univers*, — qui, d'ailleurs, n'y adhère pas absolument, et nous le comprenons, — une lettre pleine de sages conseils et d'appréciations excellentes.

L'Assemblée nationale touche à sa fin : M. de Belcastel entreprend de juger son œuvre et recherche comment elle a rempli sa triple mission politique, sociale et religieuse.

Le 12 février 1871, l'Assemblée se trouvait en face d'un ennemi maître du tiers du territoire et de la capitale, sans armée, sans alliés, sans argent, sans gouvernement, seule debout sur les ruines du pays. Elle avait tout à refaire, elle a tout refait, après avoir traversé les difficultés les plus douloureuses et touché aux questions les plus ardues.

Comment donc une Assemblée, si passionnée pour le bien du pays, si profondément monarchique, n'a-t-elle pu accomplir l'œuvre de la restauration et s'est-elle vue poussée à faire la République ?

M. de Belcastel répond :

« Où fut donc l'obstacle? où l'ennemi? A travers ce conflit « d'accusations et d'injures dans lesquelles je ne veux voir, « au lieu d'implacables rancunes, que le désir commun de la « restauration et la douleur égale de l'avoir manquée, « quelle est la vérité? Je vais essayer de le dire librement : « trois mots, selon moi, suffisent, mais sont nécessaires « pour éclairer cette phrase obscure de l'histoire française. « Il y avait chez le peuple un préjugé, dans l'Assemblée une « faiblesse, et chez le Roi un point d'honneur.

« Le préjugé populaire était la peur de l'ancien régime et « du drapeau blanc.

« Le point d'honneur royal était la fidélité à ce drapeau.

« Je briserais ma plume plutôt que la livrer à la stérile « vanité des récriminations, et si j'ose tracer quelques lignes « sur un sujet aussi délicat que celui de cette belle entre- « prise déçue, c'est que je crois fermement à la bonne foi de « ceux qui l'ont tentée. On a été jusqu'à dire de certains « que, tendant un piége, ils voulaient un échec. Sur l'entre- « prise elle-même on a jeté le mot de comédie. Non! la « grande espérance d'octobre 1873 n'a été ni un piége ni « une comédie; plus d'une fois j'ai vu des yeux mouillés de « larmes à cet ineffaçable souvenir.

« Ceci nettement dit, reste le fait certain et regrettable à « jamais.

« L'Assemblée nationale, placée entre le préjugé public et « le point d'honneur royal, n'a point su résoudre le pro- « blème; disons à sa décharge que ce n'est pas elle qui l'a « créé ; il existait ; et ajoutons, à son honneur, qu'elle n'a « pas voulu le trancher violemment par respect pour le Roi.

« La justice exige que toutes les faces de la question soient « entourées de lumière.

« Elle n'a point voulu trancher le nœud gordien en pro- « clamant la Monarchie tricolore. Qu'on ne l'oublie pas ! « Sans doute en cela, elle n'a obéi qu'au plus strict devoir. « Car c'eût été pour une folle chance affronter un triple « péril : rompre l'hérédité, frapper le Roi d'une déchéance « injuste autant qu'illégitime, retomber plus avant dans « l'ornière des révolutions. Mais, si elle avait été révolu- « tionnaire, à tout risque, elle l'eût tenté. La preuve qu'elle « ne l'était point, c'est qu'elle n'a point fait cela, ni rien de « pareil. Ce respect du trône légitime demeurera un titre « pour l'Assemblée nationale. Il doit être recueilli par l'his- « toire, car à lui seul il lui assigne un rang au-dessus d'au- « tres parlements moins consciencieux. Si c'est toujours « pour elle une faute et pour l'histoire une énigme, qu'elle « n'ait point, avec des convictions monarchiques, refait la « royauté, ce qui l'honore, c'est de n'avoir fondé aucune « usurpation. En se jetant dans une autre voie, elle a du « moins gardé purs le principe et les princes. Que le prin- « cipe et les princes lui en tiennent compte ! »

Nous remercions M. de Belcastel de ces nobles paroles. Il fallait qu'une voix autorisée vengeât enfin le parti monarchique des injures dont on l'abreuve depuis deux ans ; et, qui pouvait mieux que l'honorable député de l'extrême droite se charger de ce soin ?

L'Assemblée n'a donc pas été infidèle à sa mission politique ; elle a voulu restaurer la monarchie ; et, si elle a échoué, elle n'a pas du moins ouvert la voie à une usurpation.

Est-ce à dire qu'elle n'ait point commis de fautes ? M. de Belcastel l'accuse au contraire de n'avoir pas osé supprimer le mot de « *république* » sous la présidence néfaste de M. Thiers, de n'avoir pas fait table rase des formules imposées par les hommes de Septembre. La seconde faute de l'Assemblée, c'est la prorogation septennale, peu de jours après la lettre du 27 octobre, sans attendre ni éclaircissements, ni retour de l'opinion publique affolée.

M. de Belcastel aurait voulu, comme nous le voulions à cette époque, nos lecteurs s'en souviennent, la proclamation de la monarchie en principe :

« Néanmoins, la faute commise, un espoir demeurait. Le « principe n'avait point été livré ; l'échec de plusieurs propo- « sitions républicaines le démontra. S'il fallait attendre l'ex- « piration du terme pour remettre aux mains de l'ayant « droit les rênes du pouvoir, on avait la puissance de pro- « clamer le principe, en laissant le soin du reste à Dieu et « au bon sens français. Le principe n'est-ce donc rien ? Je « m'étonnerais que des légitimistes puissent le croire et « osent le dire. L'honneur du principe ne souffrait point de « ce délai : tout retombait sur la légalité.

« Les monarchistes de l'Assemblée n'ont point osé accom- « plir cet acte de salut : la plupart, sous l'influence du dé- « couragement ; d'autres, par un scrupule de respect, « craignant de faire attendre le petit-fils de Louis XVI ; quel- « ques-uns, faut-il le dire, par une sorte de sentiment amer « qui s'exhalait par un mot célèbre et dur : *Il est trop tard.* « Alors l'Assemblée, poussée par l'horreur du vide et la « peur de l'Empire, a fini, le 25 février, son anxieuse car- « rière dans le champ politique par le vote de la Constitu- « tion que l'on connaît. »

M. de Belcastel, dont on se rappelle la noble protestation, le jour où la République fut votée, juge en terminant cette question.

La Constitution du 25 février que la droite n'a pas votée, est, quoique bien imparfaite, incomparablement supérieure à celle de 1848 qu'adoptèrent les de Luynes, de Vogué, Dahirel, Poujoulat, Carayon-Latour, Fresneau.

Droit de dissolution, deux Chambres, responsabilité ministérielle : toutes ces institutions salutaires, la République de 1875 les a empruntées à la monarchie constitutionnelle, de telle sorte que, grâce à la clause de révision, la Royauté pourra, un jour, entrer dans cette République comme dans une demeure préparée : elle couronnera beaucoup plus qu'elle ne renversera l'édifice.

Telle est la pensée de l'honorable député de l'extrême droite :

« La misère de cet expédient, comparée à la vraie Constitution française, quoi de plus triste à considérer? Quoi de « plus facile, mais quoi de plus vain que de la montrer? Il « n'est point de cœur exempt de passion et vraiment ami de « son pays qui n'en ressente l'humiliation et la douleur. « Celui qui écrit ces lignes a moins qu'un autre peut-être « besoin de le dire. Le jour où la Constitution nouvelle de- « vint la loi française, il fit entendre une protestation, dont « il s'honore plus que jamais. *Mais aujourd'hui il est plus utile* « *de regarder quelle force elle laisse aux hommes de bien.*

« Elle n'a point la moindre ressemblance avec ses aînées « républicaines.

« Puisse-t-elle donner à la France, durant ces quelques « années, assez de paix, d'ordre et de vraie liberté pour que « les esprits se recueillent, s'apaisent, se retrempent dans « l'éducation chrétienne, s'éclairent de l'histoire, s'inspirent « des intérêts permanents du pays, et comprennent la né- « cessité, après avoir dressé la tente d'un jour et l'avoir « usée, de bâtir enfin sur les vieux fondements, de jeter dans « le roc un édifice nouveau et ferme! *C'est le but auquel* « *doivent tendre tous les conservateurs*, si mauvaise opinion « qu'ils aient de l'instrument qui leur demeure. S'ils veulent « atteindre ce but, ils le pourront, car la République du « 25 février n'est pas assurément la République des radi- « caux.

« Dans ce chaos étrange de votes inattendus que l'entraî- « nement d'un jour a offert en spectacle à la France, l'on se

« demande qui a passé sous les fourches caudines, les « royalistes faisant une République, ou les républicains « la recevant des mains des royalistes? En vérité l'on « hésite, et l'on est tenté de dire : Tous les deux. *Mais* « *la réflexion montre que les républicains sont les plus vaincus.*

« La révision totale de la Constitution, possible après cinq « ans ; en d'autres termes, *la monarchie au bout* : voilà tout « l'horizon de la jeune République pénitente. »

Bien que dans un magnifique discours, qui sera l'honneur de sa vie, M. de Belcastel ait adjuré ses collègues de ne pas voter la République, il les engage aujourd'hui à « regarder quelle force elle laisse aux hommes de bien », et à s'en servir pour assurer à la France un avenir meilleur.

C'est un conseil qui ne peut être suspect, puisqu'il vient de l'ennemi de toute équivoque, de M. de Belcastel, dont tous les partis respectent les convictions ardentes[1] et la fidélité inébranlable.

MANŒUVRES R ÉP I B

S'il est dans l'Épiscopat un prélat libéral, trop libéral pour l'*Univers* qui ne laisse échapper aucune occasion de le lui rappeler; s'il est à l'Assemblée un député dévoué aux libertés modernes, c'est assurément l'éminent évêque d'Orléans.

Ayant à répondre à un de ses collègues de la gauche qui

1. M. de Belcastel fut le *seul* qui vota contre le décret nommant M. Thiers chef du pouvoir exécutif; l'un des *onze* qui refusèrent l'ordre du jour de confiance présenté par M. Batbie ; l'un des *huit* qui s'abstinrent dans le vote de prorogation, l'un des cinquante-deux qui votèrent contre le ministère de Broglie.

l'accusait, en 1873, de vouloir restaurer une Royauté contraire aux principes de 89, Mgr Dupanloup fit paraître cette profession de foi :

« On parle *du droit public moderne menacé;* et c'est ce droit « public tout entier qui est stipulé. Citez une liberté actuelle « qui soit oubliée, je vous en défie !

« On parle d'une revanche de 89; et précisément c'est la « monarchie nationale et constitutionnelle de 89 que l'on « rappelle. Voilà la vérité ! »

« Souvenez-vous, Monsieur et cher collègue, du rapport « lu au nom du comité de constitution, dans la séance du « 27 juillet 1789, par M. de Clermont-Tonnerre. Eh bien, « toutes les libertés énumérées dans ce rapport, le décret « proposé à nos votes les contient, et au delà.

« Et, en vérité, les mots n'ont plus de sens, s'il est permis « ici de parler de revanche de 89. »

C'est clair !

Eh bien, le croirait-on, une feuille radicale a eu, l'autre jour, le talent de travestir les doctrines politiques de Mgr Dupanloup, au point d'en faire « *le fougueux adversaire des principes de* 1789 *et des libertés modernes !* »

Cette feuille a nom : le *Courrier.*

Telle est la bonne foi républicaine!...

D'ailleurs, cette manœuvre qui consiste à vouloir faire passer les monarchistes pour les adversaires des « principes de 89 et des libertés modernes » est déjà vieille et usée.

Le *Poitou,* organe de M. le marquis de la Rochejaquelein, vient encore d'y répondre victorieusement, en protestant contre un extrait de la *Semaine d'Arras,* que le *Mémorial des Deux-Sèvres* faisait, de son autorité privée, le programme des monarchistes.

Voici l'article du *Poitou :*

« La *Semaine d'Arras* dit qu'il faut :

« 1° Bannir à tout jamais de la Constitution ce qu'on ap- « pelle sottement les principes de 89.

« 2° Y substituer carrément les principes catholiques.

« Et nous répondrons :

« Si ce qu'on entend par les principes de 89, consiste dans « les réformes contenues dans les cahiers des États généraux « adoptés par les trois ordres de l'État, personne ne songe à « les bannir; mais, si on prétend les faire consister dans la « destruction du principe d'autorité religieuse et sociale, tout « honnête homme doit lutter contre cette tendance.

« Au lieu d'y substituer les principes catholiques, nous « prétendons qu'ils doivent marcher d'accord et s'entendre.

« Ce sont là nos principes; où le *Mémorial* voit-il que nous « voulions substituer une chose à une autre, et quelle valeur « peuvent avoir, par rapport à nous, les opinions émises par « la *Semaine ?*

« 3° Supprimer le suffrage universel, qui n'a été et ne sera « jamais qu'un mensonge au profit de l'intrigue.

« Le roi que nous attendons ayant proclamé le suffrage « universel, il ne saurait appartenir à aucun royaliste de vio- « ler la parole donnée; en effet, dans le manifeste daté de « Chambord, 5 juillet 1871, on lisait :

« *Nous donnerons pour garantie à ces libertés publiques*, aux- « quelles tout peuple chrétien a droit, le *suffrage universel* « *honnêtement pratiqué.*

« 4° Rayer l'athéisme du Code, en cessant de mettre toutes « les religions sur le même pied d'égalité.

« Nous n'avons nullement l'intention de rien modifier à cet « égard, nous voulons tous la liberté du culte.

« Il nous a plu de répondre, quoique nous ne comprenions « pas de quel droit on présenterait comme l'organe des opi- « nions légitimistes une feuille qui, peut-être, n'a aucune « couleur politique, et présente un programme qui n'a jamais « été celui du Roi.

« Nous ne craignons pas d'affirmer et de répéter que nous « voulons *le maintien des réformes libérales et égalitaires*, ré- « clamées dans les cahiers des États généraux et acceptées « en 1789 par les trois ordres de l'État. »

Le maintien des réformes libérales et égalitaires de 1789 : tel est le programme du parti monarchique tout entier, depuis M. de la Rochejaquelein jusqu'à Mgr Dupanloup.

Qu'on ne vienne donc plus nous parler des « *fougueux* « *adversaires de* 89. » C'est usé.

M. DE BELCASTEL, SA POLITIQUE ET L'*Union*.

Le journal *l'Union* ayant assez mal accueilli les belles paroles de M. de Belcastel, a reçu de l'honorable député une lettre de protestation indignée :

« Vous me faites un procès injuste, pour ne pas dire ingrat...

« Je répondrai simplement, sans impatience, croyez-le, car « vous ne m'avez point atteint, mais non sans quelque tris- « tesse pour la cause que nous servons tous deux, en voyant « qu'à moi aussi vous jetez l'anathème.

« Vous m'opposez comme contradictoire mon discours du « 25 février.

« Vous me jetez le mot d' « évolution ».

« Lorsque j'entends ce mot, je descends au fond de ma « pensée, et je m'interroge ; les lignes incriminées, je les re- « lis encore pour m'assurer si je suis bien le même, ou si « j'ai de nouveaux principes, une autre langue, des croyances « transformées, si j'adore ou sers de nouveaux dieux. J'ai « beau scruter ma conscience, ma parole, mes actes, j'y « trouve l'unité. »

Puis, après avoir rappelé le discours d'une éloquence si saisissante qu'il prononça dans la séance du 25 février, M. de Belcastel ajoute :

« Nous avons été vaincus. Pas plus que vous je ne me

« suis rendu. Après avoir introduit au passage dans l'une « d'elles le nom de Dieu, je n'ai voté aucune des lois organi- « ques. Cette Constitution dont j'ai les mains pures, je ne « l'accepte pas, je n'y adhère point, je ne m'y résigne nulle- « ment; *mais je veux, usant de la force qu'elle nous laisse*, arri- « ver par elle à sa transformation totale. *J'en tire parti, je « dégage ce qu'elle renferme encore de garanties sérieuses*, — je « ne dis point suffisantes, — pour la société française et chré- « tienne, *je montre une espérance pour l'avenir*, et je conclus « par un souhait et une invitation.

« Ainsi, tous les conservateurs sont conviés à préparer la « Monarchie...

« Est-ce à dire que la République est un régime heureux? « Est-ce là une évolution?

« N'est-ce pas, au contraire, la volonté persévérante de « travailler, *avec les moyens qui nous restent*, à la solution né- « cessaire pour le relèvement du pays? *Y a-t-il, selon vous, « une autre action?* Il est vrai, ce n'est point la politique des « catastrophes. Je ne compte pas sur des coups de foudre pour « jeter des traits de lumière. Les coups de foudre n'éclairent « pas toujours. Là, je n'ai point à me défendre. Cette politi- « que, on le sait, ne fut jamais la mienne. »

Cette nouvelle lettre de M. de Belcastel complète la déclaration de M. de Kerdrel, et le discours de M. le marquis de Castellane, dont nous parlions le mois dernier.

La République n'a pas été faite par la droite : ni M. de Kerdrel, ni M. de Castellane, ni M. de Belcastel ne l'ont votée. Mais suivait-il de là qu'ils dussent se jeter dans cette opposition violente, qui, le plus souvent, nuit à la cause qu'elle veut servir? Ils ne l'ont pas pensé; et « *avec les moyens « qui leur restaient*, » ils ont résolu à travailler à la défense des intérêts conservateurs.

S'isoler dans une abstention impuissante, et chercher leur justification dans les malheurs publics, un tel rôle n'était digne ni de leur patriotisme ni de leur raison. Aussi, ont-ils rejeté cette devise dangereuse : *Tout ou rien*, devise des absolutistes de l'extrême droite, comme des intransigeants de l'extrême gauche, devise qui a fait échouer la restauration, qui a empêché la proclamation de la Monarchie en principe, qui a renversé le Septennat personnel, et qui, si on n'y prenait garde, ferait de la Constitution du 25 février, la chose des républicains.

Ce qui nous manque, à nous conservateurs, c'est de savoir tirer le meilleur, ou le moins mauvais parti possible d'une situation faite sans nous et quelquefois même contre nous. Il n'en est pas ainsi de la gauche : tout événement est aussitôt interprété et confisqué à son profit.

Eh bien ! ces règles de bon sens indispensables en politique, l'honorable M. de Belcastel a voulu les faire comprendre à ses collègues de l'extrême droite. Après les avoir adjurés de ne pas voter la République, il les adjure, aujourd'hui que la République est faite, de regarder quelle force elle laisse aux hommes de bien, et d'user de cette force pour combattre les républicains.

L'*Union* déclare cette politique mauvaise.

Quelle est donc la sienne ? Et comment peut-elle, en s'isolant dans une opposition systématique et dans une abstention impuissante, servir la cause conservatrice ?

AU DIRECTEUR[1].

Monsieur,

Samedi dernier, en constatant de nouveau que, parfois, je diffère d'opinion avec votre journal, vous écriviez :

« Notre collaborateur se rattache, par exemple, aux or-

1. Quelques jours après, nous crûmes devoir faire insérer la lettre suivante,

« léanistes, tandis que nous les laissons complétement de « côté, tant dans le présent que dans l'avenir. »

Permettez-moi de répondre clairement à cette observation. Oui, M. le Directeur, « je me rattache aux orléanistes, » si, par ces mots, vous voulez dire que je crois dangereuse toute politique de désunion et d'exclusion, et que je désire voir se grouper autour du pouvoir, dans un généreux esprit de concorde, tous les conservateurs monarchistes.

Non, monsieur, « je ne me rattache pas aux orléanistes, » si, sous votre plume, ces mots ont un autre sens.

Je crois avec l'évêque d'Orléans que : « *sans le centre droit,* « *la monarchie n'est pas possible, le salut de la France n'est pas* « *possible; qu'en un mot, nous ne pouvons rien faire sans ces indis-* « *pensables alliés* »; et j'ajoute : « *Est-ce de tels hommes qu'il* « *faut traiter comme on les traite chaque jour?* »

Je crois, avec MM. de Kerdrel, de Castellane, Depeyre, de Belcastel, — sont-ce des orléanistes? — que pour sortir du péril, il n'y a qu'un moyen : c'est de tirer parti de la Constitution, et de travailler, par elle, à la restauration monarchique.

Vous ajoutez : « Tandis que nous les laissons — (les or- « léanistes) — complétement de côté, tant dans le présent « que dans l'avenir. »

Les orléanistes ! Depuis la visite du 5 août, l'orléanisme n'existe plus, grâce à Dieu ; il y a des royalistes du centre droit et des royalistes de droite ; il n'y a plus d'orléanistes.

qui mettait fin à une collaboration commencée depuis le mois d'octobre 1871 :

« 13 novembre 1875.

« Monsieur,

« Je vous prie de vouloir bien annoncer à vos lecteurs qu'à partir d'aujour- « d'hui, je demeure complétement étranger à la rédaction de .... et que vous « ne me compterez plus au nombre de vos collaborateurs.

« Veuillez agréer, etc. »

Le *Journal de Paris* le déclarait lui-même, à propos de la brochure *les Responsabilités :*

« La démarche de Frohsdorff a eu un résultat qu'il n'est au « pouvoir de personne d'annuler et que nous résumerons « dans ces deux mots : La Monarchie sera héréditaire, ou elle « ne sera pas. »

Dans l'avenir, les princes d'Orléans seront donc les représentants de la Monarchie héréditaire; et, le droit que Mgr le comte de Chambord leur transmettra, le respect dû à tous ceux qui portent le nom de Bourbon, devraient, ce me semble, leur être une sauvegarde suffisante contre certaines attaques.

Veuillez agréer, etc.

E. B.

FIN.

APPENDICE

	Dernier Ministère du Septennat.	Premier Ministère de la République du 25 Février.
Intérieur......	Gal de Chabaud-Latour.	Buffet. (Vice-Prést.)
Affaires Étr....	Duc Decazes.	Duc Decazes.
Justice..........	Tailhand.	Dufaure.
Guerre........	Gal de Cissey. (Vice-Président.)	Gal de Cissey.
Marine..........	Aal de Montaignac.	Aal de Montaignac.
Finances.......	Mathieu Bodet.	Léon Say.
Inst. et Cultes.	De Cumont.	Wallon.
Commerce....	Grivart.	Vte de Meaux.
Travaux Publ.	Caillaux.	Caillaux.

Le dernier ministère du Septennat avait été reconstitué, comme ci-dessus, le 20 juillet 1874, par suite de la démission de MM. de Fourtou, ministre de l'Intérieur, et Magne, ministre des Finances.

A ce sujet, nous avions écrit les lignes suivantes :

« Le ministre qui avait osé frapper d'interdit la parole du descen-
« dant des Rois de France, M. de Fourtou, a donné sa démission.
« Que ne l'a-t-il donnée plus tôt! Il se serait évité le ridicule de pré-
« senter Mgr le comte de Chambord comme un factieux; il se serait
« épargné la peine de mettre les royalistes hors la loi.

« Ne pouvant en conscience soutenir un homme qui rompait ainsi
« avec les auteurs de la loi du 20 novembre, qui se déclarait le dé-
« fenseur officieux du bonapartisme, et refusait d'approuver l'enquête
« faite sur les agissements de M. Rouher, nous avions pris la réso-
« lution de nous taire.

« Aujourd'hui, le général de Chabaud Latour est ministre de l'In-
« térieur. L'honorable député du Gard offre au parti monarchique
« toutes les garanties désirables, et son passé nous donne la certi-
« tude qu'il ne sera pas le continuateur de la politique violente de
« M. de Fourtou.

« Nous sommes heureux de voir que le Maréchal a eu le courage
« d'abandonner les conseillers funestes qui voulaient enlever à la
« prorogation son caractère d'origine, et sa raison d'être.

« La prorogation, nous le répétons pour la centième fois, a été
« faite par les monarchistes et dans un but monarchique : le 20 no-
« vembre, la droite a entendu sauvegarder les intérêts conservateurs
« contre les entreprises républicaines ou césariennes ; et si le Septen-
« nat était détourné de son but, il s'exposerait à disparaître ; car ja-
« mais le Maréchal, pour qui *personnellement* les sept ans ont été vo-
« tés, jamais le Maréchal ne consentirait à gouverner contre les mo-
« narchistes, contre ceux qui sont venus lui demander l'appui de son
« épée. »

20616. — Typographie Lahure, rue de Fleurus, 9, à Paris.

www.ingramcontent.com/pod-product-compliance
Ingram Content Group UK Ltd.
Pitfield, Milton Keynes, MK11 3LW, UK
UKHW012036240726
13965UKWH00003B/840

9 782013 185646